为什么有钱人都用长钱包？

年收入200倍法则

稼ぐ人はなぜ、長財布を使うのか？

[日]亀田润一郎 著

安潇潇 译

長江出版傳媒
湖北科学技术出版社

$

MONEY
MAKER

财富是一种个性，
一种学习，一种生活！

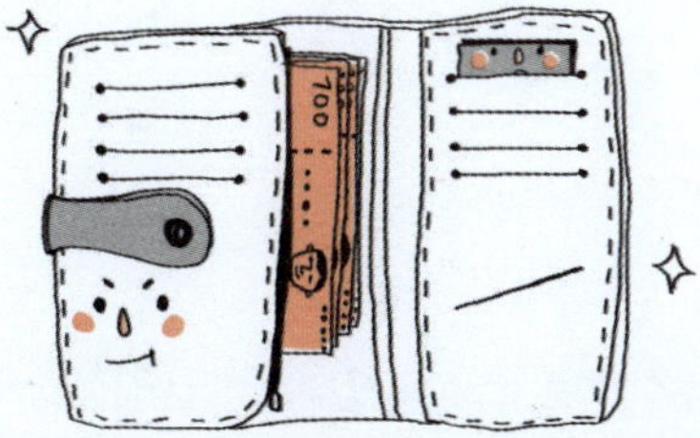

钱包会忠实地反映一个人的生活方式。
平时让人毫不在意的小东西，
也能成为改变未来的最佳工具！

前言

我刚当上税务师没多久，妻子送了一个礼物给我。

那是一个路易威登Taiga系列的黑色长钱包。

我问妻子为什么买了这么一个礼物送给我，妻子说她认识的有钱人都使用这种钱包，所以也买了一个送我。

听着贤妻所说的理由，我知道她是希望我也能事业有成。这样想着，我满心欢喜地收下了她送的钱包。

身为一名税务师，我经常会接触到一些企业家。

在这些企业家中，有脚踏实地细心经营公司的人，有短期内就能让企业业绩大幅提升的人，有公司一度陷入经营困难的人，还有努力周转企业资金的人。在和他们见面的时候，我常有机会看到他们的钱包。

通过观察，我注意到一个问题。那就是多年来一直赚钱的企业家，一定都有一个“漂亮的钱包”。在这些人当中，大部分人用的都是美观、高级又显大方的“长钱包”。

而那些公司经营不振、苦于资金周转的企业家，大部分用的都是外观并不精美的普通钱包。

“难道说，钱包并不仅仅是用来装钱的‘工具’，还是一个拥有着某种神奇力量的东西吗？”

在意识到这一点之后，我开始明白钱包其实是个有着重大意义的装钱工具。

这次正好妻子送了一个新的钱包给我。

虽说我之前用的钱包也不是什么便宜货，但是和这个全新的路易威登Taiga系列钱包相比，旧钱包的外观、质感和性能就要大打折扣了。而且，我的旧钱包是一个对折钱包。也就是说，在放钱的时候，需要把钞票对折才能放进去。

拿到新钱包后，我十分高兴，觉得自己在钱包方面距离有钱人又近了一步。而且，在用上新钱包后没多久，我就连续接到了两个自己想都不敢想的大单子。

结果，那一年我的年收入达到了前几年的10倍。在这之后，我也一直维持着这种高收入，再没有什么变动。

经历了这件事后，我更加确信钱包不仅是一个工具，还是具有某种神奇力量的东西。

从那以后，我更加关注那些优秀企业家的钱包了。在和他们聊天的时候，我会积极地提起有关钱包的话题，或是直接对他们说：“可不可以给我看一下您的钱包呢？”用这种方式来请他们把钱包拿给我看。

我实际看到的钱包，应该超过500个了吧。

在这之后，我发现了一个有趣的现象。那就是赚得越多的企业家，就越会小心翼翼地使用自己的钱包。

比如他们在使用长钱包的时候，必须要把钱币全部倒着放进去。他们绝对不会把收据和发票放进钱包里。在花现金的时候，肯定会用新币（就是崭新的货币），等等。

总的来说，就是他们一直在小心翼翼地对待钱包里进进出出的金钱。我并不是看不起他们的这种做法，而是觉得他们对金钱十分“体贴”，就像对待自己心爱的人一样。

看到他们对金钱的态度，我明白了一个道理。

那就是“金钱只会来到懂得爱护钱的人身边”。

那些能够不断赚钱的人不仅会小心翼翼地使用自己的钱包，更是对一切与钱有关的事情都十分在意。正是因为他们对钱十分重视，所以才能不断将巨额钞票吸引到自己身边。

他们会“对金钱多一分关注”。再说得具体一点，就是他们在对待金钱上有着自己的一套“哲学”。这套哲学的关键就在于，他们能够把握好自己钱包里的钱。

大部分人在用钱方面都十分随意，或者说，这些人都是在无意之间用掉了自己的钱。

但是会赚钱的人都有着自己独特的“花钱经”，他们绝对不会胡乱花钱。

再说得明白一点吧。

许多人会为钱包里的钱越来越少而感到不安。但是会产生这种想法的根本原因并不是他们“没有钱”。

这些人会因为一些突发状况而随意花钱，无法控制好自己的支出。他们不知道自己的钱包里究竟能剩下多少钱。之所以会出现这种状况，是因为他们不能自由掌控支出的“钱”。

看到那么多的人对金钱的支出感到不安，作为一名经验丰富的金融专家，我希望能够通过自己的亲身经

“留意金钱”是控制金钱的根本

验，为大家提供与金钱建立良好关系的方法，乐观地面对理财问题。正是这样的想法促使我决意写下这本书。

本书所提到的具体方法和想法都是我在咨询了优秀的经营者和商人之后，结合他们的理论和自身经验而总结的有实际成效的方法。

在和朋友一起外出喝酒吃饭的时候，我也曾与自己的朋友、熟人提到过钱包的问题。有些人对我的话一笑置之，而那些真正想要经营好自己的人生，或是希望让自己的人生路越走越顺利的人，都会认真地记下我所说过的话。

在听过我对钱包的看法与总结后，有些人更换了自己的钱包，并改变了自己对金钱的态度和看法。在那之后，我多次听到他们的生活和财务状况越来越好的消息。

虽然我还无法给出一个科学有理的解释，但是在目睹周围人的生活经历，并自己做过一番统计后，我确定钱包确实能够影响到人的理财观念。

希望每个人在看过这本书之后，都能尽最大可能地活用“钱包”这一生活常用物品，并重新整理一下自己的“理财经”。

目录

第一章

在人生路上迷路时 就换个“钱包”吧

第二章

“有钱人的钱包用法” 10项法则

第三章
请将钱包里的钱分成3种

第四章

受财神爷眷顾的“钱包哲学”

第一章

在人生路上迷路时
就换个“钱包”吧

手头现有的钱就是对“过去自己”的总结算

人们总是在为钱而发愁。

但是，在听人们抱怨钱不够花的时候，我发现了一件特别不可思议的事情。

那就是在大多数的抱怨声中，人们总是将钱和自己的行为分开考虑。

“这个月有好多计划之外的消费……”

“最近手头严重缺钱，真要命啊。”

“为什么钱就是攒不起来呢？”

想必大多数人都经常考虑钱不够花的问题。虽然有些人不愿意把这个问题挂在嘴上。

在考虑这些问题的时候，你是否把钱当成了一种与自己毫无关系的“事物”呢？

每月到了固定的日子（发工资日），钱就会来到自己的手中。用不了多久，钱又会离开自己（消费）。在不知不觉中，钱已经被自己彻底花光了。或许在你看来，钱就是这样在手中来来去去的吧。

但是，实际情况并不是这样的。

一个人的消费方法，其实代表着这个人的生活方式。

不管是有意的还是无意的，把钱花光的都是这个人本身。所以才说，从一个人的花钱方式上，能看出这个人的思维模式、对金钱的判断标准以及生活方式。

大手大脚的花钱方式会让手头的钱很快溜走。而谨慎的花钱方式则会让手里的钱越攒越多。不过，虽说一板一眼的消费方法能够避免浪费，却会给人一种“小气”的感觉。如果能为将来的计划节约消费，那一定能在不久的将来获得相应的回报。

也就是说，在手头的钱全部花光后，人们最应该反省的就是自己大手大脚的生活方式。但是，大部分人却把“金钱”和“自己”当成是两个不同的个体来区别对待，只会对着手头为数不多的零钱抱怨个没完。

钱是不会自动出现或消失的。赚钱和花钱都和自己有着密切的联系，也和自己的生活方式息息相关。

从这个层面来说，你手头现有的金钱数额，就是对过去自己生活方式的总结算。

反过来说，我也希望你能够通过对过去生活方式的反思，来总结出一个能让手头永远宽裕的“生活经”。

如果你不满意自己手里现有的钱数，那只能说过去的你一直在持续一个“攒不起钱的生活方式”。

只要你能够转变一下自己的生活方式，自然能让手头的钱越攒越多。过去的生活方式造就了现在的你。这就意味着只要现在的你能够发生转变，就一定能改变你的未来。

我们是一家人

从“钱包”开始改变

那么，我们该怎样改变自己的生活方式呢？

最简单有效的方法就是改变自己的“钱包”。

肯定有人会问：“我们要谈的不是攒钱的方法吗？为什么又说要换钱包了？”

在有些人看来，这或许是个很绕圈子的方法吧？

但是，这说不定是个最简单的捷径。

毕竟，钱包能够反映出一个人的生活方式。因为你对金钱的态度全都表现在钱包上了。

我个人对这个说法十分确信。因为我曾经看过许多企业家的钱包。

作为一名税务师，我需要经常观察我的客户——企业家们的消费方式。

说到税务师，大家或许只会想到整日对着财务报表和计算表等公司账簿算来算去的人。身为税务师，为了了解公司的支出途径，我们确实需要定期查阅公司账簿。但是在查账前，我肯定会去关注两样东西。

第一，公司的存折。

现在，商业上的金钱往来大都是通过银行账户进行转账的。也就是说，一家公司的收入、支出全都反映在公司的存折中。

第二，公司老板的“钱包”。

特别是对中小型企业来说，“存折”和老板的“钱包”是公司资金仅有的两个出入口。

虽说我可以通过业务上的关系去申请查阅公司存折，却不能直接要求老板把钱包拿出来给我看。

为了看到老板的钱包，我只能在和老板一同吃饭的时候，趁着他拿出钱包的机会，不失礼貌地请他把钱包给我看看。如果面对的是一些比较聊得来的老板，我会直接询问他们能不能把钱包拿给我欣赏一下。

通过这种方法，我看到了老板们使用的各种钱包。从中我也总结出：那些能够长时间让公司稳稳赚钱，或是能够灵活调用资金的老板们，每一位都在使用着“精致的钱包”。

从这一点来看，我可以说公司老板们对金钱的态度全都反映在了钱包上。

或者应该说，是钱包决定了他们对金钱的态度。有的人会因为穿上不同的衣服而表现出不同的气质，而钱包也能决定一个人的生活态度。

换一个钱包，就能让一个人对金钱的态度发生180°的转变。这一点我非常确定。

之前的我虽然会因为工作的原因而去观察老板们使用的钱包，却完全没关注过自己兜里的钱包。

每次看到老板们动作优雅地取出造型精巧的钱包，我总会漠然地想着：“原来业绩优秀的老板都爱使用长钱包啊。”但是，我自己仍旧习惯使用旧式的二折钱包。

不过，就像开头提到的那样，我的妻子送了一个高级长钱包给我。这个钱包就和那些业绩优秀的老板们经常使用的长钱包造型一样。

自从我将这个高级钱包带在身边后，我开始切身感受到了这个钱包的威力。用了没多久，我就接到了一个大额的单子。或许这只是一个巧合，但是拿上一个“精致的钱包”，我自然会努力让自己的消费方式配得上这个钱包的价值。

所以我才说，钱包能够改变一个人对金钱的态度。

同时，钱包还能让人的生活方式发生改变，从而影响到这个人手头的金钱总数。我们可以说，钱包不仅是一个生活常用品，更是一个拥有特殊力量的东西。

看钱包知收入！“年收入200倍法则”

之所以我会如此相信钱包的力量，主要是因为我知道一个与钱包有关的神秘法则。

这个法则叫作“年收入200倍法则”。用购买钱包的价格乘以200，就能得出这个钱包主人的一年收入（如果是老板，那能够得出的就是他可以自己处理的实际收入）。

举个例子吧。

使用价值20万日元（约合人民币1万元；注：1元人民币≈20日元）钱包的人，他的年收入就是4000万日元（约合人民币200万元）。

使用价值10万日元（约合人民币5000元）钱包的人，

他的年收入就是2000万日元（约合人民币100万元）。

使用价值5万日元（约合人民币2500元）钱包的人，他的年收入就是1000万日元（约合人民币50万元）。

使用价值3万日元（约合人民币1500元）钱包的人，他的年收入就是600万日元（约合人民币30万元）。

差不多就是这么个道理。

当然了，我们计算出来的结果不可能和实际收入分毫不差。但是，在看过企业家们使用的钱包后，我相信他们的年收入，绝对不少于其钱包价值的200倍。

看到这里，各位感觉如何呢？套用一下这个公式，你会发现自己的钱包价值和年收入正好也符合这个计算结果吧。

当然了，你的钱包价值和收入也有可能并不适用于这个法则。在这种情况下，我相信你今后的年收入将会逐渐贴近这个法则算出的结果。

也就是说，如果现在年收入300万日元（约合人民币15万元）的人使用的是价值5万日元（约合人民币2500元）的钱包，这个人今后的收入将逐渐接近1000万日元（约合人民币50万元）。反过来说，如果现在年收入2000万日元（约合人民币100万元）的人使用的是3万日元（约合人民币1500元）的钱包，这个人的年收入则很有可能滑落到相应的数额。

遗憾的是，我还无法从理论上来说明这个法则。

但是，考虑到我所观察到的钱包与年收入的关系，我相信“钱包的价值×200=年收入”这个公式确实是成立的。

通过这个经验，我再一次确定人们对钱包的态度就意味着他们对金钱的态度。而对金钱的态度更是与这个人对生活等各个方面的态度息息相关。

重视金钱的人，也会同时关注人际关系和情报信息等层面的事情。这种人会十分重视自己公司的产品和售后服务。

经过一系列的良性循环，这个人的态度最终能体现在金钱的形式上，并对他的年收入产生直接影响。

所以说，如果想要改变现在的自己，或是想要提高自身的年收入，那就从“换个钱包”开始吧。

改变钱包，就意味着改变你的人生。

我们不应该只把钱包当成装钱的工具，而是需要把钱包看成是一个能改变自己对金钱态度的道具。说得再深一点，可以说钱包代表我们的金钱观。我们应该带着这样的想法去选择一个适合自己的钱包，并把钱包随时带在身边。

这样一来，我们的做事准则也会发生相应的变化。

“带着一个这么高级的钱包，我应该在里面放入配得上这个钱包的金钱。”

“我换了一个价值5万日元（约合人民币2500元）的钱包，说不定我的年收入也能变成1000万日元（约合人民币50万元）呢。”

在刚换新钱包的时候，我们有这种想法就足够了。即使这只是一份心愿，但是在脑子里蹦出这种想法的瞬间，我们就会无意识地让自己变成理想中的模样。

不过，这个法则或许并不适用于女性。因为女性的钱包不过是她们的“装饰品”。男性买钱包是为了拥有一个能随时带在身边的“生活实用品”，所以才特别适用这个法则。

大家也都来试试看吧。

我相信，身旁那些不起眼的小物件能够提升你的干劲，改变你的未来，并成为你最棒的辅助工具。

Point

其实，以中国的年收入为标准，也适用这个法则！

若使用1万元的钱包，年收入就是200万元；

若使用5万元的钱包，年收入就是1000万元呢！

以此类推的话，你也能制订自己的年收入目标！

这个钱包花了我1万日元，所以，我的年收入也要努力变成200万日元！

为什么会赚钱的人要使用长钱包呢?

那些重视金钱的人经常会设身处地地为金钱着想。他们常常考虑怎么做才能最大限度地活用金钱，让每一分钱都花得有意义。

在我使用二折钱包的时候，一位重视钱包和金钱的企业家曾经对我说：“你用这样的钱包，是赚不来钱的。一般都用长钱包吧。要是用二折钱包，装在里面的钱也太可怜了吧。”

当时的我只把钱包当作装钱的工具，所以没能理解他话中的含义。但是，到用上了长钱包，我终于明白他为什么会这样说了。

使用长钱包，能让钱币维持一个漂亮的形状。

在将新币放入长钱包后，能让钱币维持原本的形状，不会随意握折货币。

另外，很多男性在用二折钱包时，都习惯把钱包放在裤子后面的兜里。换成是长钱包，把钱包放在这个兜里会让我们不方便坐下。也就是说，钱就不会再被我们"垫在屁股底下"了。（不过我曾看过一些年轻人把带锁链的长钱包放在裤兜里，并直接坐下。这样一来，钱包不仅被垫在了屁股底下，形状也发生了扭曲。这个习惯很不好。）

现在我所使用的钱包和之前妻子送的一样，也是路易威登Taiga系列的长钱包，但和之前用的钱包并不完全一样。

在换新钱包的时候，我一定会选择同一派系的产品。在熟人、朋友问我应该换个怎样的钱包时，我也会毫不犹豫地推荐自己正在用的钱包款式给他们。

在我看来，这个钱包的材质和手感，特别适合用来"招待"金钱。

在我们赚到钱后，钱包就像是用来招待这些钱的旅

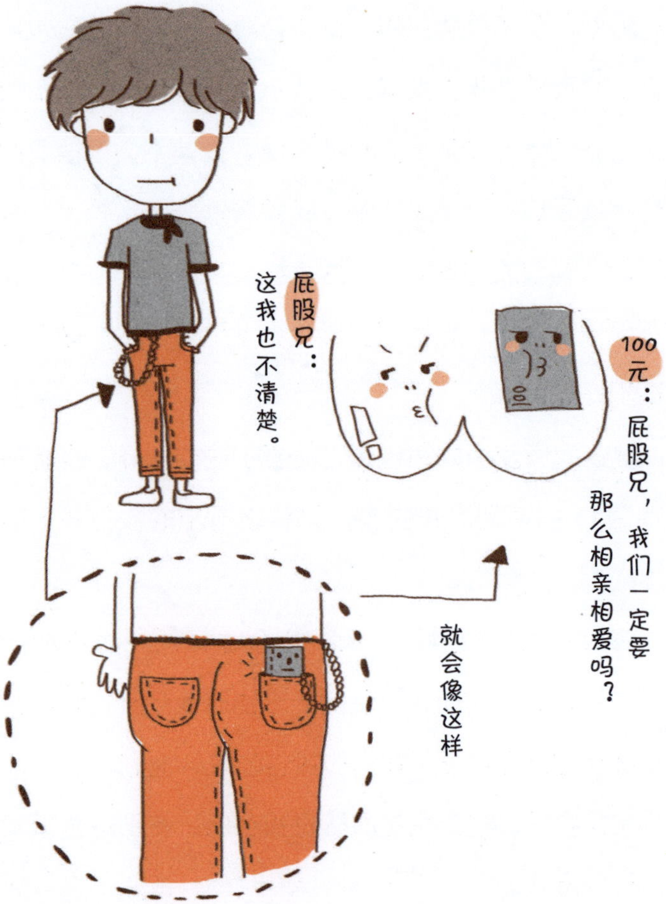
100元：屁股兄，我们一定要那么相亲相爱吗？
屁股兄：这我也不清楚。
就会像这样

馆一样。

在你选择旅馆的时候，你会选择墙壁和天花板都肮脏无比的旧旅馆，还是装修精美、服务完善的一流豪华旅馆呢？

同样的，对我来说，金钱就像是一位超级VIP客户一样。好不容易赚来了这些钱，我一定要好好招待它们才是。在我看来，Taiga系列的长钱包正适合用来款待它们。

在受到了一番精心款待后，这些超级VIP客户们肯定会想“再回来看看”吧。这种好事说不定真的会发生哦。

但是，这些都不过是我的幻想，也并非必须是路易威登的Taiga系列不可。只要找到一个适合金钱的空间，我们完全不必执着于某一品牌或制造商。

不过，在你准备购买新钱包的时候，请一定要想想“年收入200倍法则”，严格挑选适合自己的钱包价格。

在准备送钱包给重要朋友的时候，这个法则同样适用。如果你希望对方能多赚些钱，那么务必要遵照这个法则来选一个适合他的长钱包。

当然，对那些满足于现在的年收入，并希望能够一直维持现状的人来说，可以按照自身的收入去选择一个合适的钱包。但是，对希望将来能获得更高年收入的人来说，一定要按照理想的收入去选择适合自己的长钱包。

在设定这个数值的时候，我们可以选择一个现在的自己很难达到的额度。比如，现在年收入300万日元（约合人民币15万元）的人，可以按照“钱包的价格×200=2000万日元”的标准，去购买一个价值10万日元（约合人民币5000元）的钱包。或者应该说，钱包的价格越贵越好。

不过，一个年收入300万日元的人或许要咬咬牙，才能下决心去购买价值10万日元的钱包吧。

但是，在拿到新钱包的瞬间，这个人的“意识”就会迈向未来。他会产生一种前所未有的坚强信念，认为自己将来的年收入一定会越来越接近2000万日元（约合人民币100万元）。这样一来，他就会做出与意志相符的行动，并注意时时刻刻为金钱着想。

我们可以把钱包当成是得到美好未来的一种投资。这样想想，你是不是觉得钱包的价格其实并不昂贵了呢?

钱币讨厌“胖钱包”

每个人的钱包都属于“易胖体质”。

几乎每次买完东西后，我们都会拿到购物小票或者收据之类的东西。除此之外，我们还有可能拿到积分卡、打折券或抽奖卡等。总之，除了找回来的零钱之外，我们很可能会一同拿到其他东西。

另外，我们有时还会去求一些护身符，把它们放在钱包里，希望能招财进宝。

不过，如果我们漫无目的地将这些东西全部塞进钱包里，就会让钱包变得越来越“胖”。

根据我个人对钱包的统计，那些得到金钱青睐的人的钱包全都很“瘦”，并没有什么多余的厚度。

另一方面，那些得不到金钱青睐的人，则无一例外地用着“胖”钱包。

▲住在二折钱包里的千元钞票

▲住在长钱包里的钞票

那些“胖”钱包里不仅放入了钞票，还放了信用卡、积分卡、发票、收据、护身符等各种东西，以至于整个钱包都变得鼓鼓囊囊的。

也就是说，我们需要时刻牢记“给钱包减肥”。努力让钱包保持一个“消瘦”的身材。

每天工作完毕后，我都会检查一下自己的钱包，并仔细整理一遍。我把这件事命名为“钱包的每日大扫除”。

在整理的时候，我会丢掉不用的收据，让有用的发票放到专门的文件夹里。有时在购物的时候，我会拿到一些没用的积分卡。这些卡也会在整理途中一同丢掉。另外，我还会把钱包里的钞票按照同一方向和顺序进行放置。

另外，要检查一下钱包里的硬币。500日元（约合人民币25元）硬币会被我转移到“专放500日元”的存钱罐里。1日元（约合人民币5分）和5日元（约合人民币2.5角）的硬币则会放到准备募捐用的塑料瓶中。

最后，我会用软布把钱包擦拭一遍。

这样一来，我就能时刻让钱包保持“消瘦”的身材了。

到了第二天一早，我可以神清气爽地带上钱包，去开始一天的新生活。

对金钱来说，比起塞了一堆多余东西的“拥挤”钱包，还是“消瘦”的钱包“住”得更加舒适。在我们使用钱包的时候，当然还是“消瘦”的钱包用起来更加顺手。最重要的是，“消瘦”的钱包总能让我们很体面地把它拿出手。

另一方面，在习惯每天都进行“钱包的每日大扫除”后，手头现有的现金数额与每月现金结余都显得一目了然。除此之外，我还能很方便地了解到自己这一天究竟花了多少钱。能让我明白这一天究竟是超支了，还是花得正合适。

Point

作者提到妥善储存日币500元、5元、1元硬币的方法，我们也可以替换成人民币的1元、5角和1角硬币来实行，效果一定很不错。

绝对不能这样用钱包

就像人有不同的“面相”和“手相”一样，钱包也有着自己独特的“钱包相”。

有些钱包精致绝伦、美轮美奂，有些钱包则破旧不堪，变了颜色。有些钱包手感顺滑、美观大方，有些钱包则全是折痕，已看不出本来模样。

在不同的使用者手里，钱包会发生各种不同的变化。

同时，在不知不觉之中，你手中钱包的“钱包相”也早已落入了别人的眼中。

“钱包相”十分重要。这一点在我和客户一同吃饭，和高级主管及身边企业家们的聊天中，都得到了进一步的验证。

在从事金融行业的人群里，他们的工作都和自己手中的客户息息相关。不同的客户可能会对他们的收入产生强烈影响。因此，他们都在不知不觉间就形成了一种思维定式，认为“能吸引钱的人”就等于“会赚钱的人”。

而在我问到他们，怎样判断对方会不会赚钱的时候，他们异口同声地回答：“要看这个人怎么用自己的钱包。”

看看那些全是线头、被收据塞得鼓鼓囊囊、已经看不出本来颜色的钱包。我不得不说，这样的钱包看上去就没有吸引金钱的力量。

特别是“把名片放进钱包”的行为就是个最典型的例子。

钱包是一个放钱或相关事物的地方，并不是放名片的地方。而且，名片应该放到名片夹里才对。试想，把一个被钱弄脏过的名片递给客户，是一件多么失礼的事情。

坏习惯1

肮脏、破旧的钱包

坏习惯2

坏习惯3

把别人给的名片放在自己的钱包中

请另准备名片夹放名片哦

连这种最基本的事情都做不好的人，又怎么能在商业圈里建立良好的人际关系呢？

也就是说，钱包的用法直接反映了使用者本身的赚钱能力。

就像大家都不愿接近面相凶恶的人一样，金钱也不愿靠近“钱包相”凶恶的钱包。

而且，不管你愿不愿意承认这一点，周围的人还是会根据你的钱包来判断你的为人处世。

人的外表很重要。同样的，你也应该注意一下周围的人在用怎样的眼光来看待你手中的钱包。

积分卡就是个“漏钱的缺口”

在防止自己钱包“长胖”之前，有件事我一定要提醒一下。那就是，最好不要带着积分卡满街走。

增加一张卡片，就会让钱包增加相应的厚度。放卡片的皮具钱包就是这样被撑坏的。

要想顺利地给自己的钱包“减肥”，我们需要把各种没用的东西全部丢掉。而在给钱包“减肥”的时候，积分卡会成为我“最想丢掉的东西”。

这个想法早已在我的脑子里扎根。所以时至今日，我最常用的积分卡只有一张而已。

这张卡是电器连锁店Biccamera的“Biccamera西瓜卡”。在Biccamera购物的时候，我能够把积累下来的点数充值到西瓜卡中（译注：类似于公交IC卡）。而充值好的点数一般都被我拿来搭电车用。

我还曾在音像店租DVD看，租借时需要用到积分会员卡。但是，在租完一次之后，我会立刻丢掉手中的会员卡，等下次再来租的时候重新办理新的卡片。

虽说这样一来每次都需要缴纳新的办卡费用，但我还是不喜欢随身携带积分卡。

之所以会执着于这个想法，一个是因为我不想让钱包“变胖”，另一个是因为我希望能够由自己来支配钱包里的钱。

用积分卡购物的时候，卡里会不断积累点数。等积累到一定程度，就能用点数来交换其他商品，或者能够把点数换成代金券。

但是这样一来，**我们会受到这些奖品的吸引，把一些完全没用的东西买回家来。这就是积分卡的缺点。**

“积分卡马上就要到期了。在到期前用这个再去买点什么吧。”“今天购物能积双倍分数，赶紧去买点什么吧。”就像这样，人们经常为了积分而买一些完全不需要的东西。或者，明明眼前就有一家电器商店，却为了积累点数而“不远万里”地去找办了积分卡的商店。

这样的人完全就是被积分卡耍得团团转。

那些发行积分卡的店铺都会给卡里的点数设置一个使用期限，以此来增加回头客，提升每位顾客的消费额度。执著于积分卡的人就是完全掉进了商家的这个陷阱。

可以说，这并不是出自本意的消费。

能攒钱和不能攒钱的人有一个最大的区别，就是他们是否有“掌控消费方式的力量”。关于这一点我们之后再来详谈。

而那些被积分卡耍得团团转的人，则完全谈不上什么攒钱的能力了。他们无法掌控好金钱，反而被钱给掌控了。

其实，我特别容易被积分卡的奖品吸引住。在我还随身携带着好几张积分卡的时候，我会特意花费大把的时间和交通费，不辞辛苦地去能用积分卡的店铺购买书和录像带。即使这些东西都可以在Amazon购物网站轻松订到。

当然了，在花费时间、精力去商店购物的时候，我也曾有过意想不到的收获。这些都是在网上订货时看不到的东西。

但是，执着于积分卡会带来太大的风险，这个风险是无法用那一点点的收获来弥补的。如果一定要用积分卡，我们可以只选择一些常去购买日用品的超市，将积分卡的使用频率减到最低。

我们不能被自己重视的点数耍得团团转。要是不多加防范，我们立刻会被眼前的利益吸引。为了更好地控制自己，我们要牢记“不能随身携带积分卡”。

只买对的，不买便宜的

为了不随便乱花钱，我们必须要学会掌控自己的钱包。

为了掌控好钱包，最关键的一点就是在生活中“不被其他事物耍得团团转”。

比如说，有人看到信号灯的绿灯在闪，就会开始小跑起来。

这种人就是被信号灯耍得团团转。

有的人看到电车门即将关闭，就会忙着奔跑过来。

这种人就是被电车门影响到了自身的行动。

如果习惯了这种被什么东西耍得团团转的生活，那么在用钱的时候，也会受到周围事物的影响。

其中最好的例子就是减价促销。

五折促销、季节特卖、特价卖场……

快来哟！
大折扣！大甩卖！
买到赚到！
你以为赚到了吗?!
只要集满10点
下次购物减100元哦！
集点卡
收银台

确实这些口号都非常吸引人。

听到这些口号声，人们会认为“既然比平时价格更便宜，那就去店里看看吧”。或者“如果看到什么好东西，那就趁便宜赶紧买下来吧”。这种想法会让人不知不觉地买下一堆完全不需要的东西。

但是这种行为完全就是被便宜的价格耍得团团转。

那些受到金钱青睐的人和会攒钱的人，都不会这样随便乱花钱。

这些人不会受到外因的影响，不会因为一件东西便宜就买、不便宜就不买。他们能够掌控好自己的钱包，能够只买自己真正需要的东西，而不去买那些完全没用的东西。

那些受到金钱青睐的人一般都会特意避开减价时期去买东西。因为在拥挤的特卖场容易受到价格和气氛的影响，一不小心就买下自己不需要的东西。与其胡乱花钱，还不如在安静的气氛下，慢慢挑选自己真正需要的商品。

当然了，在购买日用品的时候，我们可以挑一些特价商品回来。但如果是使用周期较长的东西，哪怕是消耗品，我们也不该去贪小便宜。

如果满脑子都是廉价品，那只会让自己变成一个“廉价的人”。

我们日常生活的这个世界里充满了各种等价交换。其中包括信息、事物等各种“价值”的交换和人与人之间的交往。在这其中，我们要学会选出真正有价值的东西，并与其“搞好关系”。为此，我们要重视主观判断，明白自己真正需要的是什么。

想要节约，就去买高价商品吧

曾经有一段时间，我在买东西的时候总是尽可能地挑选价格低廉的商品。

但是，一位老板的话改变了我的想法。他是我的客户之一。

那天正好下雨。拿出雨伞后，我一下子就被这位老板手中的雨伞吸引住了。那把伞看上去非常高级，撑开之后，能看到产自欧洲的标志。价格估计需要5万日元（约合人民币2500元）左右吧。

当时，只要花上1000日元（约合人民币50元）就能买到一把塑料伞了。即便是高级名牌伞，也就2万日元（约合人民币1000元）吧。

但是那位老板一把伞就花了5万日元。就在我琢磨这件事的时候，他对我说了这样一番话：

“在购买这把伞的时候，我觉得自己真是买了一件好东西。因为我发自内心地想要买到这把伞，希望能够一辈子使用它。要是没有买到这把伞，我或许会买上好几把与它外观相似却又不太一样的便宜货吧。但这样一来，就相当于浪费了我的钱。为了避免浪费，我还是直接买下了这把价格昂贵的伞。”

听完这番话，我觉得他说得非常有道理。

一般人都会认为，买便宜货就等于省钱。

但其实这种做法不仅无法省钱，更容易给自己留下不少低质量的便宜货。

和有钱人相比，没钱的人家里总是堆满了各种杂物，这种情况并不罕见。

所以，如果有什么想要的东西，就不该受到价格的制约。

当然了，如果已经习惯购买便宜货，那多少会需要一些购买高价商品的勇气。

这样的人总会被眼前的价格所吸引。他们只会注意到“现在需要拿出多少钱”。

但是我们应该关注的不是“现在”，而是未来。

继续拿雨伞来做比喻吧。假设现在正在下雨，那么1000日元的塑料伞和2万日元的高级伞都没有什么太大的区别。

但未来又如何呢？

1000日元的塑料伞和2万日元的高级伞，究竟哪一把能用更长时间呢？你会更珍惜哪一把伞，希望哪一把伞能够一直陪伴在自己身边呢？

就像这样，我们应该从长远的角度去考虑问题。

到底选择哪把伞才不算是浪费呢？我相信你的心中一定已经有数了吧。

与钱交往就像是与人交往

钱是十分特殊的东西，它的价值远远超出了这张纸本身的价值。

就拿1万日元（约合人民币500元）面值的钞票来说吧。这张纸本身并不值1万日元。虽然官方没有公布过1万日元钞票的印刷成本，但是据说只要花上20日元（约合人民币1元）左右，日本银行就能从印刷钞票的日本财务省印刷局得到一张面值为1万日元的纸钞。

也就是说，把1万日元的钞票看做是一件东西，那它的价值就只有20日元。但是，如果把这张钞票流入市场，那它的价格就会变成1万日元。

顺便说一下，现在在日本流通的这些货币里，生产成本超出货币本身价值的只有5日元（约合人民币2.5角）和1日元（约合人民币5分）的硬币。

所以我才说，钱是一种有着“特殊意义”的东西。

但是在实际生活中，我们却经常只把钱当成是一件普通的物件来使用。

比如在超市收款台接过找来的钱后，很多人都会随手把钱揣进兜里。回家之后，又会直接把钱摊在桌上，不去收好。

又或者是，把钱和收据、打折券等东西混在一起，塞进钱包。

遗憾的是，金钱并不喜欢被这样对待。

作为一名税务师，我能够从过去的经验里深刻感受到与钱交往就像是与人交往。

在我看来，钱也有着自己独特“人格”的，它们会去关注人们是怎样对待自己的。

不懂得尊重别人的人，就无法获得别人的尊重。同样的，不懂得尊重金钱的人，就无法获得金钱的尊重。

钱，就是有着这样的力量。

所以，我们要最大限度地善待金钱。

就像与人交往一样，我们要用同样的方法来与钱交往。

在考虑如何用钱、如何节约金钱之前，我们应该先学会尊重手头的钱。将它们当成是拥有“人格”的事物，像对待人类一样对待金钱。

如果你想要成为一个受到金钱青睐的人，那就要先从这一步开始做起。

- ☑ 长钱包对纸钞而言是很舒服的场所。
- ☑ 每天整理钱包。
- ☑ 只收集日常必用的集点卡。
- ☑ 只买需要的东西，不被特价商品蒙蔽。
- ☑ 只买高价耐用的东西。
- ☑ 以慎重的态度对待金钱。

第二章

“有钱人的钱包用法”10项法则

受到金钱青睐的人是这样用钱包的

会攒钱的人和攒不住钱的人有什么区别呢？

他们的差别就在于“有没有能掌控消费方式的力量”。

会攒钱的人能分配好自己每个月的收入。每月的收入要用作什么，一个月最少需要花多少生活费，需要为了将来的生活存下多少钱，每天能自由支配多少钱……会攒钱的人能够依次分配好这些支出。

也就是说，他们不会被“眼前现有的数额”所迷惑。即使有了一笔额外的收入，他们也不会大手大脚地花钱。即使突然多出了一笔额外的支出，他们也不会变得手忙脚乱。

正是因为这些人能够自由掌控钱的收入支出，所以他们才不会因为金钱上的问题而慌乱。

相对的，那些攒不住钱的人只会大手大脚地乱花钱。在花钱时脑子里什么都不想。说得极端一点，他们完全是有多少就花多少，等手里没钱了才突然着急起来。也就是说，这些人完全就是被金钱耍得团团转。

那么，为了控制好自己的消费方式，我们该怎么做呢？

我们要做的第一步就是要“时刻关心着钱”。

我曾经和多位老板打过交道。有趣的是，手里钱越多、越会赚钱的人，在使用钱包和钱时就有越多的讲究。

换句话来说，就是他们时时刻刻都在关心着钱。他们关注的不仅是一些大的方面，就连很多小细节都不肯放过。

正是因为他们对金钱方面的事情十分讲究，而且从来不小瞧金钱，所以才能不断赚钱，让手里的钱越攒越多。而他们对钱的这份关心，也与他们对消费方式的掌

同样是发薪日
水电费
税
房租
伙食
其他费用
存钱
交通
赚到了
刚好遇上大折扣
今天要好好的犒赏自己♡

握有着密不可分的关系。

那么，他们究竟有着怎样的讲究呢？

在向多位老板询问过他们对钱包和钱的用法后，我也开始模仿起他们的做法。接下来，就让我来着重介绍几点吧。

Point

对“金钱的掌控力”够高才能掌握理财大局！

如同前一章所提到的“集点卡”“今日点数两倍”“大折扣”等购物陷阱，都是让人不知不觉失去判断力，被“好像很划算”的假象牵着鼻子走的陷阱喔！

原则1 买了新钱包后，先放100万日元进去

在买好新钱包并准备使用之前，有一件事一定不能忘记。

那就是要让钱包牢牢记住“钱的味道”。

说得具体一点，就是要在开始用这个钱包的3天前把大额钞票放进去。

最好能放100万日元（约合人民币5万元，由于日元面值大，换成人民币，在新钱包里放1万元就可以了）进去。如果很难弄到100万，就放10万（约合人民币5000元）或者20万日元（约合人民币1万元）进去。总之，我们要从银行取出自己认为比较大额的钞票，并把它们放到钱包里面去。

这个方法是事业有成的企业家们教给我的，他们都懂

得要时刻关心着钱。听了他们的话，我也按照他们的说法尝试了一下。

他们告诉我，对钱来说，还是使用过一段时间的钱包比新钱包“住”得更舒服。

他们说得没错。

就拿运动鞋来打比方吧。和从未穿过的新鞋相比，还是穿过几次的运动鞋更合脚，也更不容易伤着脚。

新建成的房屋也是如此。虽然靓丽整洁的新房让人看着很舒服，但是要等住上几个月之后，这里才能真正有家的味道。

对钞票来说，钱包也是一样。与其“住”在一个崭新的钱包里，还是被用过几次的钱包“住”起来更加舒适。而且，自己动手把钱放入钱包的过程，也能让我们更加适应这个钱包，用起来更加顺手。

在买到现在使用的这个钱包时，我从银行取出了200万日元（约合人民币10万元），并将这些钱放在钱包里整整3天。

这3天里，我一直在心里对钱包说：“这就是200万日元的厚度、气息和触感。你一定要牢牢把它记住啊。”

这是只有我一个人知道的秘密对话。这其中多少包含了一些玩笑的味道。毕竟，如果说得太认真，就会让我看上去像是一个只懂得贪钱的人。

另外要说的是，在把这一大笔钱放在钱包里3天后，我们可以直接把它送回银行。

Point

以中国为例，虽然钱包装不下100万元人民币，但若换成1万元或5000元，应该也能让钱包充分感觉“金钱的气味”吧?

原则2 统一钞票的上下方向

被钱青睐的人在用钱包时，都有很多独特的用法。在亲身实践了这些用法后，我发现钱原来是非常“爱干净”的。

我们不仅不该用脏手去摸钱，更要注意把钞票和银行卡码放整齐。

因为钱是非常爱干净的。

钱喜欢聚集在干净的空间和心地善良的人身边。因为这样的人在花钱时也会井然有序。而且，钱喜欢长时间停留在干净的地方。

为了这些爱干净的钱，我们需要让自己的钱包时刻保持一个整洁的状态。因为当钱来到我们身边时，钱包是它们的第一个“住所”。

另外，为了保证钱包的整洁，我们必须要统一钱包内钞票的上下方向。

我喜欢把钞票正面朝下放进钱包。大部分人都是这样放的，因为这种放置方法可以轻松地将钞票拿进拿出。

还有一种说法是，我们应该正面朝上地放置钞票。因为钞票是要在全国循环使用的，所以我们在用钱的时候应该多注意一些。通过正面朝上把钞票放置整齐，我们能够将干净整洁的钞票交到其他人手里。

风水学里似乎也在钱包的使用上有许多种讲究。不过可惜的是，我对风水一窍不通。

上面提到的做法都是我身边的企业家不经意间流露出的一些小习惯。他们都是长期得到了金钱青睐的人。而我不过是在模仿他们的小习惯罢了。

钞票只要放置得整齐，正面朝上和朝下都无所谓。

重要的是，你要在放置钞票时有自己的执着和习惯。无论是习惯把钞票正面朝上还是朝下都是一样的。因为这代表着你在时刻关心着金钱，懂得维护钞票的整齐。

哇！这么舒服的钱包我也想住在里面。

原则3 在钱包里多放一些5000日元的纸钞

你现在的钱包里有5000日元（约合人民币250元）的纸钞吗？

如果有，你又放了几张进去呢？

我总会将钱包里5000日元钞票的数量维持在四五张。在银行取钱的时候，我会特意把1万日元（约合人民币500元）的钞票换成5000日元面值的。

然后，我会根据面额放置钞票，将大额钞票放在后面。最里面是1万日元面值的，其次是5000日元，最前面是1000日元（约合人民币50元）面值的。在放钱的时候，我会注意将钱包里5000日元钞票的数量维持在最多。

对我来说，印在1万日元上的谕吉先生就像是钞票里的“大将军”一样（译注：福泽谕吉，印在日本1万日元钞票上的人物）。在打仗的时候，如果把大将军排在最前列，那阵势很容易被打乱。为了保护好它，我将身为“家臣”的5000日元钞票排在了它的前面，誓死要保护好它。

这样一来，在花钱的时候，我一般都会动用“守护”在前方的5000日元，并将1万日元的钞票长期留在自己的钱包里。

另外，在看到企业家和有钱人的钱包时，我发现他们的钱包里也都放了很多张5000日元的钞票。他们都是业绩优秀、收入稳定的人。

不过，大家觉不觉得平时很难拿到5000日元呢？

在店里找钱的时候，经常听到店员一边对我们说“抱歉给您这么多零钱”，一边递过来六七张1000日元的纸币。在银行的ATM机取钱时，如果设定的金额不是1万日元整，而是八九千日元的时候，那出来的一般全都是1000日元面值的钞票。

说到底，5000日元的流通量本来就比1000日元和1万日元低。就流通量来说，1000日元平均每年流通35亿张，1万日元平均每年流通70亿张。和这两种面值的货币相比，5000日元平均每年不过只流通5亿张而已。

所以，如果平时在花钱的时候不多注意一些，我们很难维持钱包里5000日元的数量。

而钱包里常备着许多张5000日元的人，在平时花钱时肯定非常注意这一点吧。

在我看来，这份“注意”才是最重要的。

我们不该任由不同面值的钱随意进入钱包，而是应该有意识地控制好5000日元的数量，让它越来越多。

而这种对钞票的“关注”与“掌控消费方法的力量”也是息息相关的。

Point

以人民币为例，可以用100元、50元和20元的钞票代替，尤其是50元钞票要准备很多张喔！

原则4 将硬币放到“零钱包”里

在装钱时，我们应该把钞票放进长钱包，并将硬币放到零钱包里。

那些被钱眷顾的人一般都随身携带着两个钱包，里面分别装着钞票和硬币。

在我询问他们为什么要这么做的时候，他们都说没有什么特别的理由。但是，他们仍在坚持着这种做法。

在我开始使用长钱包后，我也单独准备了一个零钱包随身带着。在买东西的时候，需要分别取出两个钱包才行。

或许有些人会认为，这么做也太麻烦了吧。

曾经我也有过这样的想法。但是在尝试了一段时间之后，我逐渐习惯了这种做法，也就不觉得有什么麻烦了。

有时候，一个简单的念头就会在不知不觉间对人的行动产生影响。

之所以我会将钞票和硬币分开放，是因为我觉得把这两样东西放在同一个地方会显得很奇怪。

虽然都是钱，但是硬币和纸币还是有本质区别的。

在纸钞上，分别印着福泽谕吉、樋口一叶、紫式部、野口英式这四个人的头像。别的国家的大额钞票上，一般也都印刷着伟人的头像。看着钞票上的头像，我觉得这些钞票都是具有独特“人格”的。

当然了，无论是二折钱包还是长钱包，如果零钱包是直接附带在钱包上的，那它自然会让钱包“变胖”。

我希望能让来到自己身边的钱“住”得舒适安心。

带着这样的想法，我时刻维持着钱包内部的干净和整齐。我希望能够创造出一个悠闲的空间，让钞票觉得自己仿佛置身于高级宾馆的厅堂一样。

但是，如果把硬币也一起放进来，就会显得非常不协调。

就像高级宾馆的餐厅和待客室拒绝穿着牛仔裤和凉鞋的人进入一样，在不同的环境下，人们应该身穿相应的服饰，做出相应的表现。

我希望这些印在钞票上的伟人们能够在VIP专用空间里，尽情享受最高级的服务。

正是这样的想法促使我将钞票和硬币分开放置。

当然，这些不过是我自己幻想出来的情形。不过，如果能让钱包里的世界与脑海中的幻想挂上钩，那这份乐趣一定能让你更加关心自己的钱。

原则5 注意察看找来的零钱里有没有“10日元铜币”

在收到找来的零钱时，如果里面有“10日元铜币（相当于中国的1元硬币）”，那人们肯定会很高兴地认为“自己的财运来了”。

相信大家都应该知道，所谓“10日元铜币”，指的就是侧面刻有纹路的10日元硬币。这种硬币是在昭和二十六年（公元1951年）到昭和三十三年（公元1958年）间生产制造的（但是，在昭和三十一年并未发行）。

这种侧面刻有纹路的硬币被通称为“10日元铜币”。

在同事业一帆风顺的企业家们聊到金钱和钱包的话题时，他们经常会提起这种10日元铜币。我也是通过和他们聊天，才第一次了解到这种铜币的寓意。

10年前，一位企业家曾这样对我说：

“10日元铜币预示着财运的到来。所以龟田你也多注意一下吧。”

在这之后，我一直在留心寻找着10日元铜币。现在，我的手头已经有二十多枚铜币了。不过，就算再怎么留意，一般每年也只会遇上两三次。

在了解到关于10日元铜币的寓意后，我开始留意起了平时不起眼的10日元硬币。这也是让我感慨最深的一件事。

在拿到找来的零钱后，我都会留心寻找一下里面有没有10日元铜币。要知道，之前我都是随手接过零钱看也不看的。有时候，一想到自己好久没见到10日元铜币了，我就会特意去买一些能找回很多10日元硬币的东西。

我经常和事业一帆风顺的企业家或受钱青睐的人一起吃饭喝酒。只有在餐桌上，我们才会提起10日元铜币的话题。

一来二去之后，我终于明白了一个道理。

之所以他们的经营能够一切顺利，之所以他们能够一直搏得金钱的青睐，不仅是因为他们获得了10日元铜币的庇佑，更因为他们平时连10日元硬币都会加以留意。

之前已经说过很多次了，钱会聚集在愿意细心关注它们的人身边。

最好的证据就是，我曾无数次地见证钱会毫不留情地离开花钱大手大脚的人。

每个人都曾或多或少地为钱发过愁吧。

在本书的开头也曾提到过，之所以会造成这种局面，不仅是因为这个人没什么钱，更是因为他不懂得有计划地花钱。

这些人手里并不是一点钱都没有。只不过，他们不知道今后的生活要花去自己多少钱。他们不仅算不清今后的消费，就连现在需要花去多少生活费都弄不清楚。

说到底，之所以会为钱而发愁，都是因为这些人每天都毫无计划地消费，无法掌控好自己手里现有的钱。

会出现这种问题，是因为他们从来不记得要多关心钱。即使他们每天都在不断用钱。

再重复一下之前说过的话，能攒钱和不能攒钱的人最大的区别就在于他们是否有“掌控消费方式的力量”。无法控制好消费方式的人是攒不住钱的。

那么，我们该怎样掌控好金钱的消费方式呢?

第一点，就是在面对10日元这种小面值的钱时，也要多多留意。

我们可以通过寻找“10日元铜币”这个习惯，培养自己对小面值硬币的关注。

随着这份关注的逐渐加深，说不定有些人还会想出应该每日记录家计簿、定期察看超市促销宣传单的点子。

这些点子同样表现出了对钱的关心。不过，或许有些人会觉得这样做很有趣，我却一直提不起兴趣。但是，我觉得寻找“10日元铜币”是件非常有意思的事情。乐趣能够促使我们把一件事持续做下去。即使只是一枚小小的10日元硬币，也能帮助我们养成多多关心金钱的习惯。

另外，看着那些年收入几千万日元的企业家为一枚10日元铜币而兴高采烈的样子时，就连我也会跟着开怀大笑。

Point

中国发行的人民币中，也有很多特殊而少见的硬币和纸钞，正因为平时很少见，意外得到时，惊喜感想必也加倍吧！

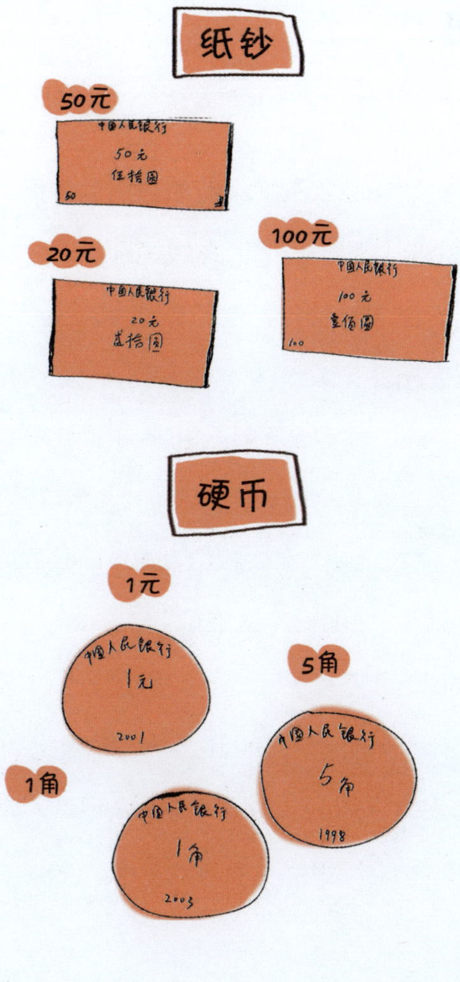
纸钞
50元
中国人民银行
50元
伍拾圆
50
20元
中国人民银行
20元
贰拾圆
100元
中国人民银行
100元
壹佰圆
100
硬币
1元
中国人民银行
1元
2001
5角
中国人民银行
5角
1998
1角
中国人民银行
1角
2003

原则6 将500日元硬币放入专用的存钱罐里

如果想要养成不小瞧小面值货币的习惯，我们就需要制订出一套只属于自己的存钱规则。

在这方面，我给自己制订的规则就是存好500日元（约合人民币25元）。

在把500日元硬币放到钱包里后，我一般不去使用它，而是在当天把它放到专放500日元的存钱罐里。

这样一来，每次别人找给我500日元的时候，我都会很开心地想“500日元又来了”。

“500日元又来了”——虽然这是个十分单纯的想法，但是却能够让我对500日元多一份关注。

如果连续在钱包里放入了好几枚500日元硬币，我就会觉得今天的500日元来得还真是多啊。放在钱包里的这些500日元并不是单纯的硬币，它们在我心里占着不小的比重。

存500日元这个习惯不仅能让我对小面值的货币多一份关注，更能为我带来许许多多的惊喜。

在把硬币投入存钱罐后，我就不会再去想这些钱。另一方面，只要钱包里有了500日元，我肯定会把它投入存钱罐中。

过了一段时间我才发现，原来在不知不觉中，存钱罐里已经有了总计5万日元的硬币。

对我来说，这5万日元（约合人民币2500元）就像是突然冒出来的一样，它们并不是我省出来的，也不是一点一点积攒下来的。看到这5万日元，我不由得高呼自己真是太幸运了！

在这之后，我决定自己可以自由使用500日元存钱罐里面的钱。

我在银行里开了一个专用的户头，里面的钱都是可以自由使用的。在存钱罐彻底存满、我又不需要用钱的时候，我就会把这些钱存到专用的户头里去。

在攒到一定程度后，我会拿这笔钱去海外旅行，或是拿去买自己喜欢的名牌钟表。

正是因为我在把钱投入存钱罐后就不再去想它，所以在用这些钱的时候我才没有花自己钱的感觉。这样能让我花得轻松痛快。

虽说为了海外旅行要从零攒到20万日元（约合人民币1万元）是件非常不容易的事情，但是500日元存钱罐总能给我一种“不知不觉就攒下了这些钱”的感觉。而且在花这些钱的时候我也觉得十分爽快。

想要攒得住钱，我们就需要定期给自己一些惊喜与奖励。虽然看似是“在不知不觉中攒下的钱”，但重要的是“不使用500日元，每天都把500日元放入存钱罐”。这份奖励也是通过这个习惯得来的。

但是，如果不分时间场合随时给自己“奖励”，那这样是存不住钱的。我们要能够掌控好给自己的“奖励”，这一点是十分重要的。

Point

以中国为例，可以换成“将1元硬币以专用存钱罐存起来”，也是一个好方法呢！

原则7 在付钱的时候用新钞

“不好意思，给你的是旧钞。”

几乎所有受到金钱青睐的人都曾说过这句话。

我的妻子是一名店员，她的顾客几乎都是女性。她们店铺所在的地段为店里迎来了许多有钱的顾客。在付钱的时候，如果这些顾客钱包里没有新钞，那他们肯定会说：“不好意思，给你的是旧钞。”

另一方面，妻子对我说，她觉得会讲这句话的顾客应该都是很有钱的人吧。

听了妻子的话，我才想起自己也经常碰到同样的场面。

出于自身工作的缘故，我经常和企业家们一起外出用餐。而在付钱的时候，其中有一些企业家肯定会拿出新钞来。

如果他们碰巧没有带新钞，就会对店员说："我手里正好没带新钞，真是不好意思。"然后，他们会一脸歉意地拿出旧钞付钱。

我曾有幸在其他场合看过这些人的钱包。他们钱包里的1万日元（约合人民币500元）几乎全都是新钞。

有一次，我向一位企业家问了这么一个问题：

"您为什么这么执着于新钞呢？"

这位企业家告诉我："如果收钱的人是我，那我肯定希望自己拿到的是新钞。"

听到他的话，我使劲点点头。确实如此。

比起中间有一道深深折痕、破破烂烂的钞票，还是毫无褶皱的漂亮新钞更讨人喜欢。

这样就像把手轻轻地捋过刚用熨斗烫平的汗衫袖子一样舒适。

在我看来，通过观察一个人对钞票的态度，就能明白他是怎么对待其他事物的。

获得金钱青睐的人懂得时刻注意别人的心情。他们不会只想着自己，而是能够考虑到收钱人的感受。

他们心中没有狭隘的价值观，不会只站在客人的立场去考虑问题。在付钱时给新钞，这纯粹只是他们在为他人的感受着想。

在店铺里也是一样。

有些店在找钱的时候，拿给客人的全都是新钞。

这种店铺十分重视为顾客服务。他们懂得要好好招待每位来到店里的客人。理所当然的，这种店铺的生意肯定能一直兴旺。

反过来说，正是因为这些人懂得细心关注他人的感受，他们才能得到金钱的青睐。一般来说，钱不会出现在人际关系恶劣的人身边。

模仿着这些人的做法，我希望大家在从自己的户头取钱时，能把手头的钱全部换成新钞。

不过，我们很难一直保持钱包里的钱都是新钞。

我们能做的，就是在银行的本行和支行取钱时，将手里的钞票在兑换机里换成新钞。另外，也可以顺手把钱包里的其他钞票一起换成新钞。这样一来，我们至少能通过取钱这个机会，来定期更换钱包里的钞票。

显然，放满新钞的钱包更讨人喜欢。而打开满是新钞的钱包，也能让我们的心情更加愉快。

最重要的是，在付钱的时候，我们能够一同分享对方拿到新钞时的喜悦心情。

原则8 要有礼貌地付钱

当我们在便利店的收款台付钱的时候。

当我们把朋友代付的500日元（约合人民币25元）还给他的时候。

无论是什么时候，我们都应该“有礼貌地”把钱递给人家。

在给别人纸币的时候，我们应该统一纸币的方向。在把纸币递出去的时候，我们要让纸币的正面朝向对方（不能反面对着别人）。在给别人硬币的时候，我们不能让硬币从别人的手里掉出来，一定要小心翼翼地递过去。另外，在将纸币和硬币一同拿给别人的时候，为了让对方拿得更稳一些，我们一定要先递出硬币才是。

有礼貌地付钱，能够表现出对人和对金钱的尊重。

出于自身职业的习惯，我经常会留心观察企业家们的经营态度。

其实，只要看看他们平时是怎么对待金钱的，就能看出他们有着怎样的经营态度。

举个例子吧。在酒馆付钱的时候，有些人会随手从钱包里拿出钞票，然后直接把钱给扔过去，让钞票歪歪扭扭地散落在桌子上。他们看上去就像是在把钱施舍给别人一样。

这种人一般也会用同样的态度去对待自己手下的员工。他们在经营上一直是大大咧咧的，常常遇到资金周转不灵的问题。

在观察了好几家类似的公司和公司老板的经营方式后，我更加确信金钱一直在观察别人是怎么对待自己的。

钱不愿意回到能随手把自己给扔出去的人身边。它们更愿意回到能小心翼翼地把自己送出去的人身旁。

这种想法让我进一步认识到，钱其实就像人类一样。

所以在付钱的时候，我会随时注意着自己的礼仪。希望离开我手头的钱能够开开心心地流向社会。

Point

与钱交往就和与朋友交往的道理一样。遇到态度随便、轻浮、不尊重他人的人，就会不想亲近他，自然地远离他呢！

看我这么有威严，就知道我很有个性吧！
10000
10000
日本银行券
1万元
日本银行

原则9 在心中默念“一路走好”和“欢迎回家”

正因为钱就像是人类一样，所以我们需要对钱讲道义。

在用钱的时候，我们应该尽可能地让钱“高兴”起来，让钱觉得乐意被用在这些地方。

比如说，我们可以通过用钱，让别人获得幸福，让自己得到成长。

有一个小秘诀能帮助我们做到这一点。那就是在金钱离去归来的时候，在心中默念“一路走好”和“欢迎回家”。

在花钱的时候，也就是钱离开自己身边的时候，我们应该在心中默念“一路走好”。而当钱回到自己钱包的时候，也要默念“欢迎回家”。

特别是绝对不要忘记说：“一路走好。”

先生一共是300元
亲爱的，请一路小心。
购物袋
找你200元
钱钱，欢迎回来。
在心里默念即可。

在刷卡消费的时候也是一样。无论是花出去多么小面额的钱，也一定不能忘记说这句话。

有时候，我们明明心里想着这句话却还是忘记默念，或是觉得自己无法高高兴兴地说出这句话。

这种情况下，我们一般都是在乱花钱。

比如为了减压而冲动购物，因为赌博连续输钱而不分青红皂白地继续砸钱进去，为了消除烦恼而去喝酒……这些都算是乱花钱。

这时，即使我们想要像平时那样高高兴兴地默念“一路走好”，也还是无法顺利说出这句话来。

如果家里有人正准备出去做坏事，那我们肯定不能高高兴兴地对他说“一路走好”。同样的，在我们想要乱花钱的时候，也是没办法像平时那样把钱送出去。

也就是说，只要能养成默念“一路走好”和“欢迎回家”的习惯，就能利用默念这句话时的心情去判断自己是不是在乱花钱，以此来帮助我们在想要乱花钱的时

候来个“急刹车”。

所以，在消费前，我们一定要想清楚自己能不能高高兴兴地说出“一路走好”。

短短两句话，就能帮助我们改掉乱花钱的坏习惯。

另一方面，“一路走好”和“欢迎回家”这两句话还有着另外一层含义。

前面提到过，得到金钱青睐的人都把钱当成人一样来对待。作为人与人之间的交往，打招呼是必不可少的一个环节。既然打招呼是人际关系的一个基本要素，那在和钱打交道时，我们也绝对不能少了这句招呼。

Point

信用卡是一种容易让人没有意识到“花钱”行为的付款方式，很多人都是在账单来临时，才发现这个月已经超过预计的花费。要确保自己当下没有乱花钱哦！

原则10 高高兴兴去缴税

高高兴兴去缴税。

这是所有会赚钱的企业家的共同点之一。

出于工作的缘故，我经常能了解到企业家们对缴税的看法。

税金是一种需要现金支付的麻烦费用。因此，有不少企业家都对缴税有着一定的抵触心理。作为一名经营者，我很能理解他们的心情。

但是在企业家中，也有一些能够高高兴兴去缴税的人。

他们不会在缴税方面产生什么想走邪门歪道的想法，这也是他们的共同点。

他们十分清楚，正是因为有了社会这个纽带，有了和社会中的种种联系，才能让他们在事业上赚取那么多的利润。

他们赚到手的这些钱，都是社会“分”给自己的。所以，他们很乐意将其中的一部分返还给这个社会，这也算是自己的谢礼了。

他们就是这样看待缴税的。

经常能听到别人说，税金都被国家或地方私自占有了。但是这些企业家们却完全不会这么想。

当然了，他们也会在法律允许的情况下合理避税。

税金是企业的花销之一。如何降低这份花销，是经营上的一大难题。

在合理避税后，他们会高高兴兴地去付减掉避税额度后的税金。因为他们认为，这是返还给社会的谢礼。

不过，也有一些企业家会在最大限度地合理避税后，仍旧惦记着“有没有办法能让我再少付一点税钱啊”？

还有一些人，宁肯把赚来的利润全部吃干抹净，也不肯为缴税去掏一分钱。

不过遗憾的是，这些人是得不到金钱青睐的。这一点，想必大家都能明白吧。在这些人之中，甚至有的人会一辈子为钱的问题而发愁。

通过观察一个人怎么看待缴税，怎么将缴税当成一种“义务”，我们就能明白他有着怎样的金钱观。

如果你是一个在公司工作的职员，那么你的税款应该是从工资中直接扣除的。

在看到写在工资条的各类税金后，你或许会为缴税额度之高而叹气吧。

但是，付的税钱越多，就意味着你赚的越多，它证明了你为这个社会做出的贡献越大。

你赚得的利益是自己劳动和汗水的结晶。但正是因为有了这个社会，你才能获得这份利益。募捐和公益活动都是回馈社会的方式之一。但是在做这些事前，希望你能够把缴税当成是对社会的谢礼，高高兴兴地将钱送出去。

☑买了新钱包后，先放100万日元（约合人民币5万元）的纸钞。

☑纸钞的上下方向要对齐。

☑尽量在钱包里放几张5000日元（约合人民币250元）纸钞。

☑硬币要装在零钱包。

☑检查零钱里有没有稀少的硬币。

☑将500日元（约合人民币25元）硬币放进专用的存钱罐。

☑结账时使用新钞。

☑递钱的时候态度要谨慎。

☑在心里对钱说“一路走好、欢迎回家”。

☑心情愉快地缴纳税金。

第三章

请将钱包里的钱分成3种

这笔钱究竟属于“消费”“投资”还是“浪费”

一般来说，从我们钱包里溜出去的钱可分为3种“性格”。

这3种性格分别是“消费”“投资”和“浪费”。

我们每天用掉的钱究竟属于哪种性格呢？通过观察一个人是怎样分配这3种钱的，我们就可以了解到这个人将拥有怎样的未来。

出于自身的工作缘故，我经常要察看各个公司的账簿。

每个公司的账簿上都详细记载着这家公司把钱用在了什么地方。在经过会计的分类后，公司的员工薪水、办公地租金和旅费、交通费等一切支出都会变得一目了然。

在察看账簿的时候，我也会在脑中将这家公司的支出划分成“消费”“投资”和“浪费”3种，并观察究竟哪种性格的钱用得最多。

所谓消费，就是在购买1万日元（约合人民币500元）的东西后，立刻能够获得1万日元的使用价值。这种支出也被称作“等价交换消费”。

在企业支出里，公司用品就属于这一类。而在个人支出里，食品和日用品等商品也属于这一类。

所谓投资，就是在支出一定数额的金钱后，虽说不能立刻获利，但是一定能为将来带来某种利益。

在企业支出里，办公设备就属于这一类。而在个人支出里，购买书本和参加培训班所花的钱也都属于这一类。只要能把书本和培训班的内容牢记在心里，那一定会为将来的自己带来好处，说不定还能获得超出投资数额的回报呢。

所谓浪费，就是想怎么花就怎么花。这样的支出不仅无法让自己立刻获益，在将来也不会带来什么价值。在企业支出里，为缓解工作压力而去饮酒作乐的钱就属于这一类。而在个人支出里，在游乐城不停地玩游戏所花的钱也属于这一类。我只能说，这些都是为了满足一己私欲而花出去的钱。

在检查一家公司的支出时，如果里面都是消费和浪费，我会对这家公司的未来产生质疑，并认为这里的经济状况很成问题。

也就是说，在“消费”“投资”和“浪费”这三种支出里，只有“投资”才是“能够创建美好未来”的支出。

而大部分的“消费”和“浪费”都是只能让人在“短期内”感到满足而已。

所以才说，只有“消费”“浪费”，不懂如何投资的公司，是没有前途的。这种公司只能勉强维持现状，无法在将来获得比现在更好的收入。

对个人来说也是一样。

只会“消费”“浪费”，完全不进行投资的人，是无法在将来获得收益的。这种人只会不断重复现有的生活，无法得到提高。

但这样的生活实在令人心酸。

我们都希望自己的生活能越来越幸福。希望明天能比今天过得好，明年能比今年过得好，让自己的生活质量得到逐步提升。相信大部分人都是这样想的。

最具有代表性的投资就是储蓄。为了让将来的生活越来越好，我们最好能一点点地把钱积攒下来。要是实在攒不住钱，那至少要在花钱的时候思考一下，这笔钱究竟属于3种性格中的哪一种呢？

当我们从钱包里拿出钱来的时候，要先停下来问自己一句：“这笔钱究竟算是‘消费’‘投资’，还是‘浪费’呢？”

如果这笔钱属于“浪费”，那我们可以立刻停住正在掏钱的手。又或者是我们可以事先想好，把两次“浪费”减少到一次。

虽说为了生存，我们必须不断进行“消费”，但是就算拒绝“浪费”，也不会对我们产生什么影响。在没有了浪费之后，我们可以把这笔钱用作投资。

这样一来，我们口袋里的钱将不再是只出不进，而会成为我们“创造美好未来”的一笔投资了。

花钱的3种模式：“消费”“投资”“浪费”

消费：
花钱获得等价的商品或回馈，但没有增值的效果。

投资：
虽然无法立即获得与付出金额相等的价值物，但将来一定会得到回报。是“能让明天变得更美好”的花钱方式。

浪费：
不断地花钱却什么都没得到，也没有产生任何未来性的价值。

牢记将“消费”变作“投资”的方法

前文中我曾经提到，在消费、投资和浪费这3种支出里，只有投资才是“能够创建美好未来”的支出。

但是实际上，消费也是“能够创建美好未来”的支出方式。

就拿餐饮费来举例吧。

为了填饱肚子，我们会去购买各种食品、饮料。虽说这算是“消费”，但是如果我们在购买的时候能注重选择“对身体健康有益的食物”，那么这笔支出就不仅满足了口福，更是一笔意义深远的投资。

注重选择饮食，能为我们换来一个健康的身体。

虽说我们不可能在吃过一次有机蔬菜后立刻让身体充满健康活力，但只要牢记常吃蔬菜，肯定会比不爱吃蔬菜的人变得更加健康。也就是说，我们能够换回远超出蔬菜价格的价值。

再来说说钢笔一类的文具吧。

文具是典型的消费品之一。只要我们能够注重文具的选择，也能把它变成是一种投资。

一支优质的钢笔能让人爱上书写。都说钢笔越用越顺手。用顺手之后，我们写出的字也会变得流畅许多。

说不定我们能够通过对书写的喜爱，进一步拓宽自己的人际关系呢。

“到了这个年代还愿意坚持手写书信的人就是他啊。”就像这样，书写说不定能够影响到别人对自己的评价。这么一来，钢笔的价值就不仅在于写字了。而购买优质钢笔，也算是一笔意义深远的投资了。

就像上文提到的那样，**我们不该只把消费当成是购买消耗品的费用，而是要想方设法地将它变成一种投资。**我们要尽可能地把钱用在“刀刃”上，因为这也是一件能够影响到未来生活的重要事情。

在很早以前，我就曾亲身领教过。

作为一名税务师，现在的我已经能够独立经营公司，并拥有了一定的存款。摆在我面前的生活也显得丰富多彩。但是过去，我过着与现在截然不同的生活。

在我还是一名学生的时候，我父亲的公司倒闭了。当时的他是一位中小型企业的社长。

和家人一起居住的房子被拿去抵债了。除了房屋，我们还失去了其余全部财产。

在变卖一切家产后，我家仍有一笔债务没能力偿还。其中一部分是由我来负责解决的。

而失去了共同居住的房屋后，我们一家人分头租住在了不同的公寓里。

在日本，想成为一名税务师有好几种方法。当时的我是通过税务师考试才获得了这个职业资格。要想考取税务师资格，必须要通过5门考试才行。但是那时的我只通过了2门考试，无法满足税务师的工作要求。

当时，我在一所职业培训学校找到了一个教师的工作。负责教授的科目就是我已经通过了考试的那两个学科。

那时的我完全是白手起家，加上自己背负的债务，我可以说是从负债开始打拼的。

仅凭教师的工资实在难以养活自己。所以我瞒着学校，偷偷跑去一家便利店打零工。就这样，我开始了白天当老师，夜里和休息日去当便利店员工的生活。

之所以会选择去便利店打工，是因为我碰巧知道这家店的店员可以把超过保质期的便当直接拿回家。也就是说，只要在这里打工，我不仅能赚到薪水，更能省下一大笔餐饮费。当时的我已经被逼上了绝境，实在没有其他的路可以选了。

在开始工作后，能够免费拿回家的便当确实帮了我不少忙。我每天的早饭和晚饭几乎都是“便利店的便当”。如果一天能拿走三四个便当，我就会把多余的保存在冰箱里，留到没有打工的日子再去吃。

那时我住在一个只有10平方米大小的公寓里。其中还附带一个小小的厨房和卫生间。

那里只住着我一个日本人，剩下的都是其他国家的人。在那栋被称作“世界公寓”的大楼里，早上能听到来自四面八方的读古兰经的声音，晚上能闻到挥之不去的泡菜味道。无论清晨还是深夜，大楼里都非常热闹。虽说这栋位于东京市内的大楼交通便利，但是在周围高楼大厦的环绕下，这栋公寓显得很不起眼。透过房间里那个寒酸的小窗户，我几乎感受不到任何光照。

我差不多在这个公寓里住了两年时间。每天基本上都是靠着“便利店便当”过活。

这样的生活持续了一段时间后，我的身体开始出现各种问题。明明是夏季，但我的皮肤却干燥开裂。肠胃的状态也非常糟糕，不是闹肚子就是便秘。

直到有一天清晨上完卫生间后，我被绿色的排泄物彻底吓傻了。抱歉我说得有点恶心。

我慌忙打开电脑上网查询。发现连续吃了好几个月方便面的人也出现了和我一样的情况。

吃了太多“便利店便当”的我就和那个人的情况一样。因为便当和方便面里都加入了大量的食品添加剂。要是继续这样下去，我的身体肯定会垮掉的。

在那一瞬间，我切身感受到了每日的饮食能够对自己未来的健康产生多么大的影响。

从那以后，我不再只把食物当成是用来填饱肚子的东西了。

时至今日，虽说我还是会因为工作太忙而不时地去选择快餐，但是每次捧起快餐食物，我都会想起那段住公寓的苦日子。

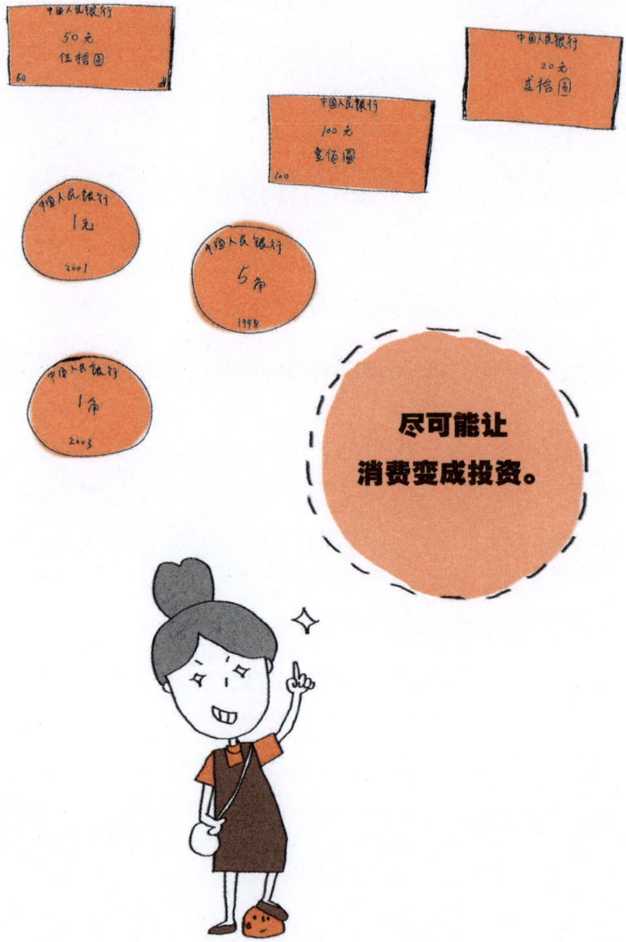
尽可能让
消费变成投资。

越是年轻，越应该出手“投资”

有人认为，年轻时候的浪费也算是一种投资。

这些人口中的浪费指的是饮酒作乐而已。

虽说年轻时的饮酒作乐看上去就像是在玩玩闹闹，但是不少人都会在长大之后，发现自己通过年轻时的玩乐学到了不少知识。

出于这个道理，我不会完全否定年轻时的浪费。

但我还是认为，无论再怎么年轻，也应该从自己的花销里拿出一部分钱，用来对自己进行有益的“投资”。

因为这小小的一笔投资说不定能在意想不到的时候成为自己的“救命资本”。

上高中的时候，我曾经对书本很痴迷。

那时的我并不是一个态度认真的书虫，而是想要通过读书这种形式，向社会表达我的不满。

我一般都是选择在上课的时候读书。当时我坐在教室最前排正中间的位置。虽说这里距离老师很近，但是我发现这个座位正好和讲堂形成了死角。每节课，我都坐在这里不停地看书。

芥川龙之介、夏目漱石、太宰治、三岛由纪夫、陀思妥耶夫斯基、司汤达……那时我所读的几乎都是名家名作。

其实仔细想想，或许那时的我只是想借助书本的力量来武装自己吧。希望能将庞大的阅读量化作为自身的武器。

当时的我完全没有把读书和自己的未来挂上钩。没想到长大以后，学生时代读过的书竟然在意想不到的情况下救了我一命。

父亲的公司倒闭后，我们居住的房屋被抵押给了俗称地下钱庄的高利贷债主。

那些债主让我们把父亲交出来。但是由于联系不上正在闹失踪的父亲，身为长子的我便站出来说由自己来承担这笔债务。见我这样，那些人便把我带到了这家地下钱庄的事务所。

在事务所的单间里，3个没有眉毛、凶神恶煞的人围住我，一边命令我签下空白合同书，一边逼迫我快点还钱。虽说听上去就像电影中的镜头一样，但这一幕确实发生在我的身上。

不过，虽然当时的我多少有些害怕，却仍能够冷静考虑自己面对的局面。我明白，被逼上梁山的我已经无路可退了，只能与这些人正面交锋。

我现在已经记不清楚当时都和他们谈了些什么，只记得自己被关押了3小时后，他们就放我回去了。而且我并没有受什么伤。

在那之后，我听说地下钱庄的负责人曾对父亲说过这样一番话。他说："如果当时你儿子摆出了一副畏畏缩缩的态度，那我们肯定会继续向他提出强硬的命令，让他把能交的全都交出来，甚至让他一辈子都陷入负债的地狱里。但是，看到你儿子那么有种，让我们觉得差不多就行了吧。”

在借钱的时候，那位负责人提出了不符合法规的高额利息。父亲真正欠下的本钱其实早已还清了。或许就是出于这个缘故，他才愿意放我一马。不过，我相信自己当时的态度也对他产生了不小的影响。

之所以我能够独自面对地下钱庄的人，是因为高中时代曾经读过的《三国演义》在背后支撑着我。

在《三国演义》里，有一个闻名古今的章节——《长坂坡之战》。这一章节讲的是张飞独自面对敌方十万大军的故事。而张飞正是《三国演义》中武力盖世的主角之一。

面对着眼前的大军，张飞独自挡在大桥中央，大吼一声“谁敢来决一死战”。虽然知道敌方拥有十万兵力，但是张飞仍旧能够独自应敌。看着面前勇猛无比的张飞，敌人反而变得害怕退缩了。

在被带去地下钱庄的时候，我下意识地将自己当成是张飞，并努力想象张飞当时的感觉。

“张飞没有逃跑退缩，而是能够独自面对敌方大军。人类都拥有这样的潜力。所以，我身上肯定也具备着这样的力量。”

正是这样的想法给我带来了勇气。

《三国演义》中的故事应该有一大半都是民间传说的吧。但是，这本书却教会了我再普通的人也能获得坚强的力量。可以说，是读书救了我的命。

在后来的人生里，这件事情也成为了我生命中不断鼓舞我努力前行的一个动力。

就像我所遇到的事情一样，我们不知道年轻时播下的种子能在什么时间发芽，并长出怎样的嫩芽来。所以，在年轻的时候，我们应该拿出一部分钱，用来积极投资自己的未来。

昔日的投资终能在人生路上派上用场。只是你或许无法立刻感受到投资所带来的好处。

所谓投资，就是用碎片去拼凑未来

曾经有一位朋友问我，应该选择什么东西进行投资呢？

其实，在为投资掏钱的时候，我们一般都很难把这件事当成是在“投资”。毕竟只有时间才能证明一个人的投资是否获得了成功。

不过，有些人在付钱的时候，却会直接把这件事当成是在投资。

这两者之间有什么区别呢？

这两者的区别就在于能否看清自己究竟拥有着怎样的未来。哪怕目前能看到的只是一个模糊的轮廓。

一味地做美梦是无法让我们实现美好未来的。

只有我们能够清晰描绘出自己的梦想和追求，才能让我们更加清楚接下来该走哪一步。

这样一来，我们花出去的钱自然而然地就变成了

欢迎光临！光明的未来
努力奋斗
投资
行 动
目 标
梦 想
开 心
金 钱

“为实现梦想和追求”的支出。

也就是说，金钱是能帮助我们获得捷径的工具之一。你手里现有的钱都是为你拼凑出美好未来的梦想碎片。我们要将这些碎片当成是拼图的插片。就像在玩拼图一样，我们要将支出的每笔金钱都连接在一起。这才是“投资”的正确做法。

在描绘出完整的未来构图后，我们要用这张构图来逆推出自己应该进行的投资。那些不能清晰规划出自己未来的人，就像是将碎片“浪费”到了完全不着边的地方。为满足精神层面的要求而花钱是典型的浪费。比如为了忘记烦恼而去大采购之类。

不过，就算不能立刻想好自己应该投资的事物，也不需要感到焦躁。

在外出旅行时，我们都会先选好自己想要去游玩的地方。同样的，我们要先从“进一步明确自己的目标”开始。

让你绝对不吃亏的购物法则

在买东西的时候，我会选择那些能用七折价格卖出去的商品。

这是我平常购物时紧紧牢记的一点。

和购买其他同类商品相比，这样的东西能在关键时刻为我们减少一些损失，属于“不怎么浪费的消费方式”。

比如现在我工作室里办公用的那把椅子，就是由意大利设计师阿伯托·梅达设计出来的。这位大师设计出来的椅子一般都拥有一个网状的靠背，但是我这把椅子的靠背却是皮革制的。这在日本是非常罕见的。

虽说这把椅子是我几年前买回来的，不过时至今日，我仍能在拍卖会上以当初售价的70%卖出这把椅子。

我还很喜欢弹吉他。现在手里这把吉他是由PRS吉他（Paul Reed Smith）生产制造的。全球各地都有人在收藏这个品牌的吉他，所以二手的价格也不会下降太多。

就像上面提到的两样东西一样，在买高价商品的时候，我会仔细考虑这个东西能不能在关键时刻用七折的价格卖出去。

不得不说，是父亲公司的倒闭才令我第一次萌生出这样的想法。

当时，家里的存款已经见底了，可以说是一点现金都不剩了。音乐CD成了我手里仅剩的一点财产。因为大学时代我曾因个人喜好而购买过500多张CD。

在上大学的时候，我几乎把所有打工赚来的钱都投入到了CD上。每次发售新CD我都会立刻跑去购买。要是觉得这张CD不值得一听，就会拿到二手店去把它卖掉。然后，我会用折价来的钱再去购买新的CD。

出于这个缘故，被我留下来的CD一般都是拥有一定价值的绝版商品。要不然，就是我自己非常喜欢、舍不得卖掉的CD。

但是，在失去了全部家产后，我也不得不选择妥协。毕竟我能拿去换钱的，也就只剩下这些CD了。

但是令我没有想到的是，这些CD竟然卖出了一个非常高的二手价格。

另外，喜爱看书的父亲也选择变卖了自己的藏书。

由于父亲收藏的多是一些比较罕见的藏书，所以他的书本也卖到了非常高的价格。

这时我才明白，原来身边的这些东西都能为我们换来现金。

在这之后，为了降低风险，我在买东西的时候都会选择那些不容易掉价的商品。

这个选择也让我养成了只买优质商品的习惯。

“在选择同类产品的时候，最好还是买优质商品吧。”

这样的想法让我不再因为冲动而乱买东西。我也变得更会精挑细选了。

遵循着这个购物法则，现在我身边的常用物品都是一些让我想要珍爱一生的东西。

当然了，最好还是不要发生需要变卖家里物件的“关键时刻”。但是，万一不幸出现了这种情况，那么这些商品都能成为我绝佳的“助手”。

摆在我身边的这些商品不仅质量好品质优，更是能够在背后支撑着我的可靠伙伴。

和“入口”相比，我们更要注重金钱的“出口”

对想要攒钱的人来说，和“入口”相比，我们更应该把注意力放在金钱的“出口”上。

“等工资再涨一点，我就开始存钱。”

“等发了奖金，我就开始存钱。”

在存不住钱，或是存钱额度不理想的时候，多数人都会期待自己的收入能再高一点。

这个想法就和等着天上掉馅饼一样。

一个人手中的资金流动，一般都是在不断重复着从收入到支出的过程。

所以，多数人都会认为，只要能够增加收入，那么就能多存一些钱，让存钱额度慢慢增加了。

但是实际上，人很难掌控自己的收入。

或许长时间的努力能为我们增加工资和奖金，但是短期内很难实现这个目标。而且，工资和奖金还与整个社会的经济动向以及公司的经营状态息息相关，这些外部状况都不是我们能够轻易控制的。

也就是说，我们很难改变自己的收入。

那支出又如何呢？

一般来说，我们可以亲手控制自己的全部支出。

钱不会“自己跑掉”。要把钱花出去还是留在手边，全都看你自己的选择。

如果想要攒住钱，那我们更应该关注的不是如何增加收入，而是该怎样控制支出。

我们可以选择在花钱之前判断这笔钱的性格属于“消费”“投资”还是“浪费”。退一步讲，也就是和“入口”相比，我们更要注意金钱的“出口”。

这一点是我们存钱的基本原则。即使收入有所增加，也不应该发生改变。

如果我们因为收入增加而只顾着关注“入口”，彻底忽略了“出口”，我们仍旧是攒不住钱的。

有些人虽然工资比几年前高了很多，却还是完全存不住钱。而有些人的存款数额和工资的增加额度并不相符。这些都是没有注意到“出口”的典型例子。

Point

所谓“注意钱的出口”，是一种对于当下生活方式和用钱状态的自我检讨，当我们仔细找出钱的缺口，就是增加自己对“金钱的掌握度”！

☞ 牢记金钱有好几个“出口”

金钱的“出口”可不止一个。

我们身边存在着好几个金钱的“出口”。为了把钱留住，我们首先要做的就是意识到这些“出口”的存在，并对这些“出口”多加留意。

我们应该注意的不是收入（入口），而是支出（出口）。提到这一点，很多人最先想到的应该就是节约了吧。

多数注重勤俭节约的人都会选择购买便宜的日常用品，努力减少电费、燃气费，并尽可能地节衣缩食。

这样做确实能够控制住“出口”。

但是金钱的“出口”可不止这一个。而注重节约，不过是只看到了众多“出口”中的一两个而已。

个人的资金流动，一般都是在不断重复着从收入到支出的过程。这个看似简单的过程其实还是有些复杂的。

就让我们拿公司员工来做个例子吧。这些人每月都会有一笔固定的工资。

首先，这笔工资会被打到银行的个人账户上。

把从银行里取出的钱放进钱包，那么钱包就成为了资金流动过程的最终“出口”。因为我们只会把准备花掉的钱放进钱包。很少有人会把钱包里剩下的钱放进存钱罐。

如果每个月的房租和电费、燃气费都直接从银行账户里扣除，那这里也成了金钱的“出口”。

薪资
贷款
伙食费
购物
电费
燃料费
房租

另外，如果还有信用卡还款和企业内部存款等需要直接从工资里扣除的钱款，那么这一部分也算是金钱的“出口”。

就像上文提到的那样，虽然对大部分人来说，“入口”（收入）只有一个，但是在他们身边，却有着许许多多的“出口”。

为了存住钱，我们需要细心留意身旁的每个“出口”。

不要在商场里取钱

通过观察一个人生活中的那些习惯性动作，就能知道这个人有没有注意到自己身边的“出口”。

如果你每星期都要去银行取两次钱，那你就要多加注意了。因为有钱人的共同点之一，就是尽可能不去取钱。

相对的，手头钱不多的人反而常常去银行里取钱。

现在，很多银行都在商场里设置ATM自动取款机。和过去相比，取钱变得更加方便了。想必有很多人都认为平时出门可以不用带钱，在需要买东西的时候直接去商场里取钱就好，因为实在太方便了。

但是，这里面其实包含着一个巨大的陷阱。

正是因为方便，所以人们取钱的时机变得多种多样，取钱的额度也没有了一个固定的数值。

不知道你有没有在自己身边看到过这样的情况：在准备去吃饭喝酒的时候，一个人突然站起来说自己没有现金了，然后直接跑去银行取钱。这种人就是在用行动表明，自己在用钱方面是一个多么没有计划性的人。

还有一些人，虽然工作日里也有机会去取钱，但他们偏偏要等到周末才想到去银行，不然手里的现金就不够过周末了。这样的人也和上面提到的人一样。他们没有想清楚周末需要花多少钱。也就是说，他们无法估算出未来的开销。

其实，掌控金钱就相当于有计划地用钱。

我们要努力杜绝在商场里取钱，不再等到周末才去银行取钱。通过给自己订下这些麻烦的规矩，来改变自己在生活中的习惯性动作和行为吧。

每月给自己定两个“发工资日”

原则上，我每月只从银行取两次钱。

这是我自己用来管理“出口”、减少浪费的方法之一。

能攒钱的人和攒不住钱的人之间有什么区别呢?

这两种人之间有着好几项区别。其中之一就是对金钱的“情感波动”。

能攒钱的人的情感波动一般都比较少。

这样的人在手头资金宽裕或是赚了一大笔钱的时候，也不会变得特别兴奋。在经营状况出现问题、资金不断减少的时候，也不会显得特别悲观。他们总能保持一种冷静的态度。

而那些攒不住钱的人情感起伏往往比较多。

这样的人在手头资金宽裕或是赚了一大笔钱的时

候，会兴奋得到处散财，完全是想怎么花就怎么花。

然而，当手里的钱全部花光的时候，他们又会变得特别不安，不知道该怎么办才好。

其实，每个人的大脑中都有一种想要尽情花钱的潜在意识。

也就是说，每个人都容易成为“攒不住钱的人”。

但是，为什么攒得住钱的人总能保持冷静呢？

原因就在第二章谈到的内容里。这些人为自己制订了好几个花钱方面的“理财经”。他们知道人经常会不计后果地随意花钱，这是每个人都无法避免的一个问题，也是他们制订“理财经”的先决条件。

在他们制订的各项“理财经”里，我最喜欢的一条就是：事先定好去银行取钱的频率和额度。

去银行取钱的时候，你有没有事先给自己定好什么规则呢？

相信大部分人都是在看到钱包里空空如也之后，才想到该去银行取钱了吧。

就算是事先决定好了要取的金额，恐怕多数人都会视情况去取一个整数吧。比如1万日元（约合人民币500元）、3万日元（约合人民币1500元）、5万日元（约合人民币2500元）等等。

但是，这其实是最容易造成浪费的一种做法。

如果事先不定好取钱的额度，而是随便选个1万、3万之类的整数去取，就很容易让人忘记自己究竟是什么时候去取的钱。

这样一来，我们就没办法计算这个月一共取了多少钱，花了多少钱。常常是下一个发工资的日子还没到，钱就在不知不觉间悄悄溜走了。

所以，我们要事先决定好去银行取钱的频率和具体额度。

这个频率的间隔不能太长也不能太短，每月两次正合适。比如说，我们可以把两次取钱的时间分别定在每月发工资的25日，以及两周之后的次月10日。

除了定好取钱的频率，我们还有一个小窍门，就是要故意设定一个不是整数的额度。

我每次都会取77 000日元出来，因为“7”是我的幸运数字。如果你的生日是5月30日，那可以去取53 000日元；如果你的名字叫“美代子”，那可以去取34 500日元（译注：日语里“美代子”和“345”是谐音）。你可以随便选个理由去指定取钱的数额，前提是这个数字方便好记，而且不是整数。

在设定数额的时候还有一个需要大家注意的问题，就是每月取两次的钱必须要够你维持基本的生活。这个额度应该是你每月各项支出的总和。因为一口气取很多钱能帮助你记住自己是什么时候去银行取的钱。而且这笔钱的总额还不是整数，这样就更方便你去记忆了。

在定下这个取钱规则后，你只要看一眼钱包里还剩多少钱，立刻就能知道自己取完钱后究竟花了多少。

如果你觉得钱花得比较快，那一定要好好考虑一下为什么会出现这种情况。如果在两周过完之前就去银行取了第二次钱，那你就要好好反省了，注意在接下来的日子里手头再紧一点。相反，如果两周过去后钱包里还有剩余的钱，那你一定会觉得很有成就感吧。

记住我的话，每月去银行取两次钱，设定一个方便自己记忆的取钱数额，努力用这笔钱去支付一个月的全部开销。

相信在这条规则的帮助下，你钱包里剩下的钱一定会越来越多，所以各位一定要试试看哦。

控制支出的三原则

1.冷静的态度：

只买“真正需要”的东西，情绪不因钱的多寡而高低起伏。

2.选择时机：

每个月只取两次钱。钱花得快便心生警惕，钱花得慢也很有成就感。

3.确定金额：

选择“不是整数”的提款金额，记住自己取出的每一张钱的金额大小。

额外的“出口”是攒不住钱的最大原因

我们一定要事先考虑好额外的“出口”。

这是想要攒钱的人最应该注意的一个问题。

除了每月都要花掉的生活费外，各种原因导致的额外支出也包括在我们的日常开销里。

比如在参加婚丧嫁娶等各类事情时送去的份子钱或香油钱、车子的维修保养钱、一年交一次的机动车税钱、每年都需要一次性交齐的生命保险金等等。这些都属于额外支出。

有时候，前1分钟我们还在想这个月剩了不少钱，可以多存一些进银行了，可后1分钟就出现了额外的消费，让我们存不上钱。别说是存了，有些人甚至还要去银行取一大笔钱来应付这个突然出现的“大窟窿”。相信这样的情况应该并不少见。

所以我才说，额外的支出是我们攒不住钱的最大原因。

我的工作就是在调用资金方面给企业家们提一些建议。通过观察一个公司是怎么用钱的，我就能知道他们是怎么攒钱的。

虽说偶尔空手也能套来白狼，但要是花得一分钱不剩，我们自然就没办法继续自己的事业，也没能力将企业维持下去了。如果不想在资金周转方面遇到什么问题，我们必须要在公司里留一笔固定资产才行。

那么，我们应该如何运营公司的资金，又该如何留下一笔固定资产呢？

在为企业家们提建议之前，我会先请他们罗列一下自己能够想象得到的“额外支出”。

说到企业的额外支出，不少人都会首先想到缴税、收到大额订单时大量采购相关配件的费用、设备投资费等。不少企业都曾因为这些额外的支出而在资金周转方面出现不小的问题。

也就是说，如果我们想要控制好资金周转方面的问题，为公司留下一笔固定资产，我们必须学会掌控这些突如其来的支出。

对个人来说，也是同样的道理。

一个人如果想攒住钱，必须要做好控制额外支出的准备。

在制订每月开销的时候，绝对不要忘记每个人都会面临额外的支出。这是我们一定要考虑的问题。

被突如其来的“出口”搞得措手不及。

究竟为什么要攒钱？

有些人会为了攒钱而攒钱。

“○○年后，我要攒够1000万日元（约合人民币50万元）！”“△△年后，我要攒够2000万日元（约合人民币100万元）！”为了达到这些目标，这些人会一直过着节衣缩食的生活。

但是在我看来，过这样的日子实在是太让人难受了。

钱本该是帮我们达成某种目标的一个手段。它是我们生存的手段，是我们实现梦想的手段，是让我们过上幸福生活的手段。

如果这个“手段”变成了最终的“目的”，那一切都会变了味。

要是一个人只知道漫无目的地攒钱，他最终也只能变成一个可怜的守财奴。

而那些受到金钱青睐的人并不是这样想的。他们知道怎样才能把钱和愉快的生活联系在一起；知道钱不是用来攒的，而是用来花的。在花钱方面，这些人更希望能把钱用在让人高兴的地方。

在打算攒钱之前，我们一定要想清楚，自己究竟为什么要攒钱。

这个问题的答案可以是多种多样的。就我个人而言，我攒钱纯粹是为了“能够拓宽人生的道路”。

无论面对怎样的情况，多一条路就能让我们多一份安心。

必须问问自己：
“究竟是为了什么目的而攒钱？”

举个最简单的例子吧。在吃东西的时候，如果手里只有100日元（约合人民币5元），你会选择什么东西来吃？如果手里有1万日元（约合人民币500元），你又会怎样做呢？显然，这两种情况会让我们做出截然不同的选择。

再或者是休假的时候，口袋里1分钱都没有和口袋里装着1万日元这两种情况，也会让我们做出截然相反的选择。

要是有了1万日元，我们可以去看场电影，可以出去饱餐一顿，也可以不花钱在家好好休息一番。虽然在没钱的情况下我们也会被迫做出第三种选择，但是这种选择却和前一种情况完全不同。

父亲公司的倒闭就让我深刻地认识到了这个问题。

在父亲的公司倒闭前，我还是一个和父母生活在一起的学生。舒适的房屋和热腾腾的饭菜都理所当然地享受着。即使我外出打工，也不过是为自己喜欢的音乐多赚一些经费而已。我自认为这样的生活比一般人幸福得多。

但是，在父亲的公司倒闭之后，我的生活发生了翻天覆地的变化。我们的房子被拿去拍卖，我也不得不搬到一间公寓里独自生活。由于我帮父亲背了一部分债务，所以自己完全就是从负资产开始起家的。

那时，我才深刻地意识到，人活着就需要不断地花钱。

即使待在公寓的房间里发呆，也需要消耗房子的租金；即使什么都不做，过了一段时间也会觉得肚子饿。只是去了一趟洗手间，就需要消耗一定的水费。夜里只要点上一盏台灯，就会让电表持续不断地转下去。

那时的我不仅被生活上的

人生舞台

各种压力压得喘不过气，更没有什么渡过难关的方法能供我选择。

既然待着不动都要花钱，而我又背了一身的债，那么我能做的就只有工作了。但是一般的工作根本偿还不了多少债务。我只好白天去公司工作，晚上去便利店打工。除去两三个小时的睡眠之外，剩下的时间全部被我用来工作。

当时的我只为填饱肚子而吃饭。我没办法想吃什么就买什么，能吃的只有打工换来的便当。我最多只能在剩下的幕间盒饭（译注：日式盒饭中比较有代表性的，据说是由江户时代看歌剧表演中间休息时“帷幕放下的那段时间”观众经常吃而得名的，由多种鱼类或者肉类食品组合而成）和三色便当之间做个选择罢了。

没有选择，也就没有自由。

那时，我切切实实地感受到这种没有自由的生活是多么的悲哀，这一切又会让人变得多么的失落。

“我一定要努力脱离这种没有选择的悲哀生活！”

带着这样的想法，我开始努力攒钱。

说到这里，不妨透露一下，其实我之前提到的那些理财规则多是从这个时候开始实行的。包括“积少成多的500日元”和“每月最多只去银行取两次钱”在内。

如今，我已经成为一个能够独立经营公司的税务师。无论是在平常的日子还是在人生的重要关口，我的选择都已变得多样化。

随着前路的不断拓宽，我能在未来的人生路上做出更多更丰富的选择。

我希望将来过上怎样的日子，拥有怎样的生活呢？

自由的生活能让我们拥有无限可能。这是亘古不变的道理。

手里的钱越多，我们能够选择的前路也就越宽广。当然了，就算没钱也能凭个人的本事拓宽自己面前的道路，但钱毕竟能够帮助我们增加不少选择。

从这个层面上来讲，钱不仅能为我们带来优越的物质生活，更能帮助我们拓宽人生的道路。

一条宽广的人生大道能让我们过得更加自由。为了能在不久的将来获得这种自由自在的生活，我决定努力攒钱。

Point

其实“规定每个月只能取两次钱”“只能在银行取”“预留保险费”都是一种“计划”，甚至在问自己“存钱的目的”时，也是一种对自己未来人生的“计划”呢！对“理财”有计划，就是对“人生”有计划！

第四章

受财神爷眷顾的“钱包哲学”

勤劳未必能致富？

一个人在金钱观的形成上有很大一部分因素都是受到了父母的影响。如果父母懂得勤俭节约，那么他们的孩子自然也会变成一个节约用钱的人。如果父母只知道大手大脚地花钱，那他们的孩子也会变成一个完全不知道节俭的人。

日本的义务教育里很少会提到钱的问题。毕竟每个人的人生历程和金钱观都不一样。在钱的问题上，我们很难找到一个准确的答案。从这个方面来说，学校也确实没办法拿出一个绝对正确的答案来。

所以，大部分人都会把父母的金钱观当成是“标准答案”，并加以模仿。

但其实，父母们的金钱观也未必正确。

举个例子来说吧。虽说有些人立志于坚持艰苦朴素的生活，但有时候需要下狠心，给自己多投资一点钱。这笔看似浪费的花销或许会在将来能派上大用场。要是一直坚持艰苦朴素的生活，可就要错过一个大好的机会了。

事实上，我的父亲也确实为工作付出了不少辛勤的劳动，但是他并没有得到应有的回报。

在看到了父亲的失败，将一切推翻重来后，我做的第一件事就是彻底否定了从父母那里学到的金钱观。

就算手里有钱，如果没有节制地随意乱花，还是会让生活陷入危机。

带着这样的想法，我开始重新思考自己该怎么看待金钱，又该怎么用钱。

我不再有多少钱就花多少钱了。我开始学着计算自己一共赚了多少钱，应该怎样分配这些收入，以及每个月要花掉多少钱。为了让花销变得更加明朗，我准备了一个小账本，即使收入再少，也会想方设法从中省出钱来。

渐渐地，我明白了一个道理。如果只知道大手大脚地花钱，早晚是要坐吃山空的。我们必须要学会亲手掌控金钱的进与出。

可以说，在父亲的公司倒闭之后，我的金钱观发生了180° 的扭转。

不过反过来想，如果没有当年的那些经历，也就不会有现在的我了。

虽说我当年的经历有点像反面教材，但我仍旧庆幸自己遇到过那些事。因为正是那段经历成就了今天的我。

不容易受金钱影响的人是这样考虑问题的

有些人时时刻刻都在惦记着钱。

有些人虽然兜里没什么钱，却完全不考虑这方面的问题，显得很从容。

显然，前者经常被钱耍得团团转，而后者就不容易受到金钱的影响。

我一直在努力成为后者。

虽然我会时刻为金钱着想，希望能够与钱融洽地“相处”下去，但是我绝不希望自己满脑子想的都是钱的事情。

说了这么多，这两种人之间究竟有着怎样的区别呢?

这两者之间最大的区别，就在于他们是怎样看待手里的余额。

那些容易被钱耍得团团转的人在看到手里的余额后，会觉得“自己就剩下这点钱了”。

而那些不容易受钱影响的人在看到手里的余额后，会认为“自己还有这么多钱呢”。

他们的这种想法并不会因为余额的多少而发生改变。

说得再明确一点吧。认为“自己就剩下这点钱了”的人，无论捏在他手里的是10万日元（约合人民币5000元）、100万日元（约合人民币5万元），还是1000万日元（约合人民币50万元），他都丢不掉这种负面的想法。

而认为“自己还有这么多钱”的人，哪怕兜里已经快被掏空了，他仍旧会乐观地认为至少自己手里还有这些钱在。

“自己就剩下这点钱了”——在脑海中出现这类意

识的瞬间，这个人就已经停止了思考。

举个例子来说吧。假设月底有50万日元（约合人民币2.5万元）的欠款要偿还，但手头就只剩下30万日元（约合人民币1.5万元）了，那些满脑子悲观思想的人只会不停地想“自己就剩下这30万了”。

但是那些懂得乐观思考的人就会去考虑下一步的问题。自己现在已经有30万了，剩下的20万（约合人民币1万元）该怎么解决呢？他们在思考中就已经超越了前者。

在企业经营方面，为了避免资金周转出现问题，企业家们会想出很多调用资金的方法。比如降低公司财政支出、增加结余等等。在管理家计方面，也有不少规避财政赤字的方法。

但是，那些满脑子都是悲观思想的人根本就想不到这些方法。

相对的，懂得乐观思考的人就能想到许多解决问题的办法。他们能在思考中找出相应的对策。

也就是说，这两种人的区别就在于他们是怎么看待金钱问题的。

究竟要有多少钱才能算是“多”呢？关于这一点，想必每个人的观点都有所不同吧。即使现在手头的钱不算富裕，我们也该让自己的想法变得乐观一些，因为乐观的想法能够直接影响到我们的金钱观与价值观。

想有收获就不要砍价

在日本，近江商人的生意经里有这么一个规矩：做生意要对卖方好、对买方好、对社会更要好。这就是他们口中的“一石三鸟”。

所谓近江商人，就是指那些来自日本近江国滋贺县的人。从江户时代到明治时期，他们一直活跃在全国各地的买卖市场中。

他们所讲究的“一石三鸟”里不仅兼顾了卖方和买方的利益，更注重自己的买卖给整个市场带来的影响。他们做的买卖不仅能让交易双方同时满意，更能为社会带来良性影响。

我认为这种“一石三鸟”的观点十分重要。

在我所遇到的企业家里，有些人认为社会的利益大于一切。当然，这种想法十分值得我们去推崇。而他们的收益也并不比那些自私自利的企业家少。但是有些人由于把太多的精力花在关心整个社会的利益上，结果忽视了自家企业的经营管理。

如果自家企业因为自己的疏忽大意而破产倒闭，那么即使负责人的初衷再好，他也只会为整个社会带来麻烦。

这样的人没有彻底理解“一石三鸟”的真正含义，所以才会导致如此恶果。

不过，虽然“一石三鸟”是从商家角度出发的经营理念，但是在我们做买方时，也要将这个理念牢记心中。

最简单的一点，就是不要动不动就在买东西的时候砍价。不要只想着自己的利益。

还有，在为别人花钱的时候不要太小气。

有些企业会以经费不足为借口，强行要求合作方降低价格。这其中还包括一些态度非常恶劣的企业。哪怕之前已经商定好了价格，他们仍旧会找出各种各样的理由，去要求对方一而再、再而三地给出优惠。

站在合作方的角度考虑，或许人家只是想痛痛快快地谈笔生意。但是面对着这种恶意砍价谁都高兴不起来。在交易结束后，他们肯定再也不愿意与这家公司做买卖了。

我也曾看到过一些类似的案例。有一家企业老板的态度非常恶劣。国内没有一家公司愿意和他们谈生意，这家企业只能去找费用低廉的外国公司代工。但是外国公司做出来的全都是些次品。客户们只得向这个企业要求索赔。最终，他们付出的巨额赔偿金远超过与国内公司合作的费用。

钱不会自己跑到谁的口袋里去。在金钱的来来往往里肯定会有人参与其中。因为钱是被人“搬来运去”的。

即使你是一个买家，也不要满脑子都是自己的利益，这样只会让卖家们远离你。而当周围的人都开始疏远你时，钱也就离你越来越远了。

理想的三方OK

追求社会的整体利益。

经营好公司，不造成社会负担。

不恶意砍价。

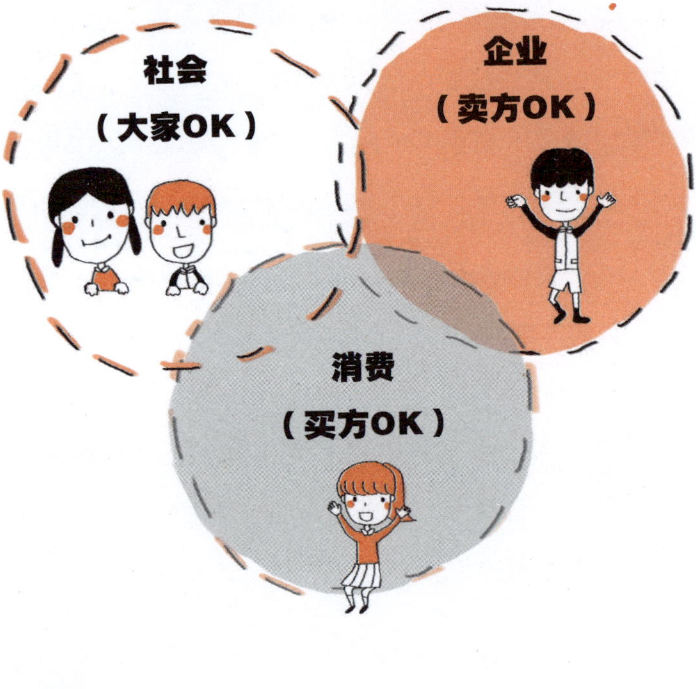

越没钱，越要管住钱

当你存折里的钱越来越少时，你会不会下意识地假装没注意到这个问题呢？

有些人会因为发工资前存折里的钱太少，而把记录存取明细当成是一件痛苦无比的差事。

确实，手里的钱越少，人越想努力无视这个问题。因为每个人都不愿意体验没钱带来的痛苦。

但是实际上，越是到了这种时候，我们就越应该注意管钱。

越没钱，越要注意管理；资金越不充足，越要多加留心。

前面也提到过，我一直认为钱是有“人格”的。

钱和人一样，它们愿意留在懂得关心自己、懂得为自己着想的人身边。

所以，手头越是拮据，我们就越应该学会为钱着想。

即使存款一分不剩了，也是如此。

估计没有多少人体验过存款为零的感受。但是在我

父亲公司倒闭的时候，我家的财政状况就是变得如此凄惨。

但是在那一刻，我才第一次感受到：**原来即使兜里一分钱都不剩了，我们也能继续活下去。**

因为在我看来，虽然自己的兜里已经空了，但是身边仍有许许多多能用来换钱的东西。

除了那些值钱的高级货外，我身边还有很多能拿来卖掉的东西。要是没东西可卖了，我还可能“卖掉”自己的时间，用工作换回金钱。

也就是说：**即使存款一分不剩了，那也不过只是表面现象。你其实并不是真的一无所有。**

所以，我们不该太执着于手头现有的额度。“兜里就只剩下〇〇日元了。”“现在存款只有△△日元而已。”——我们不该将所有注意力都只放在数字上面。

和数字相比，我们更应该学会为钱着想，越是没钱的时候就越该这么做。

这么做的方法很简单。你完全可以像第二章里介绍的那样，每一分钱都要小心翼翼地花出去，在把钱放进钱包的时候注意统一方向等等。

拥有人格的钱一定会记住你对它的好。相信有朝一日，它也一定会回到懂得为自己着想的人的身边。

Point

不只是“有没有钱”，当你遇到人生其他问题时也一样。就算身边看似一无所有，也不要放弃希望！只要我们保持乐观、积极的态度和正确的人生观，相信一定会找到让未来变得更好的方法！

用想象力打破艰难的现实生活

每次面对巨大的压力时，我都会逃向幻想中的世界。

或许有人会认为这不过是在逃避现实罢了。但其实，这两者还是有着本质区别的。

在幻想的世界里，总有美好的未来等待着我。我也相信，幻想拥有着让理想化为现实的力量。

在上大学的时候，我曾经在一个建筑工地打过工。那里的薪水非常优厚，所以我叫上了好几个朋友一起去工作。当时受泡沫经济的影响，到处都缺人手。我觉得只要自己能多带一些人去，那里的工头肯定会器重我的。

但是工头把我叫去后，却对我说了这么一句话：

“你明天不用来上班了。”

当我问他理由的时候，他告诉我说，因为我偷懒了。

确实，当时我满脑子想的都是怎样才能轻松一点。尽管这项工作的酬劳非常优厚，但是我却一直在应付工作。而工头正好一眼就看穿了我的这点小心思。

现在想想，如果当时我懂得反省自己的作为，或许还有救。但是那时的我却摆出了一副“自己才不稀罕这种烂工作”的狂妄态度，所以当场就被解雇了。

除了工作，当时的我在做其他事时也都是一副漫不经心的态度。

之所以能够衣食无忧，全凭父母给我创造了良好的条件。我一边下意识地泡在家人给准备的蜜罐里，一边悠哉悠哉地享受着生活。

直到被人从蜜罐里一脚踢出来，我才真正意识到原来自己什么都没有。在失去了双亲的庇护后，我第一次切身感受到原来现实是如此的冰冷残酷。

渐渐地，我患上了失眠症，人也被逼到了崩溃的边缘，就差去自杀了。每天晚上我都梦到自己死去。有时是淹死，有时是被车子轧死，有时是从高楼大厦上掉下来摔死。我做过各种版本的梦，这些梦唯一的共同点就是梦里的我都会死去。

人被逼到一定境界，就会变得看不清眼前的一切。

当时的我一分钱都没有，还背了一身的债务。

我满脑子想的都是这些问题，根本没精力去做其他事情。

但是很快地，我就想到了一个办法。

反正自己也没事做，不如去凭空幻想吧。

说“幻想”或许有些不太合适，但是当时的我觉得既然自己再怎么挣扎也改变不了现状，那只能先把心情调节好了再说。于是我开始尽情地幻想10年后的自己。10年后我会变得很有出息，10年后我能够笑对现在的惨状。

而一旦开始尝试打开心扉，人就能立刻看到许多之前没注意到的事情。

确实现在的生活非常艰苦。但是仔细想想，在人的一生里，10年只不过是弹指一挥间。说得再大一点，从地球和宇宙的历史来看，这短短10年就像人眨眨眼睛而已。和硕大的宇宙相比，我受的这点苦又算得了什么呢?

随着思考的深入，我开始意识到自己现在的苦日子根本就不算什么。

带着这样的想法，我向前迈出了新的一步。

当然了，我当时并不是彻底甩掉了悲观的情绪，心情也没有一下子好转很多。我整个人仍旧生活在大起大落的精神状态里。

但是，在找到工作后，我开始觉得自己有能力支撑下去了。

每个人的一生中都会遇到许多困难，所不同的是，有些人遇到的困难小一些，有些人遇到的问题大一些。在遇到困难时，我们该怎样克服，又该怎样重新面对现实呢？那段生活经历告诉我，我们只要能调整好心态就足够了。

在那之后，每当心情不好的时候，我都会给自己安排每天1分钟的快乐幻想时间。

有时是幻想和自己最喜欢的女演员外出约会。

有时是幻想自己在海外痛快游玩。

但这毕竟只是幻想而已，所以可以任凭自己无边无际地想，无论是什么事都没问题。没有人会知道我在想什么，我可以尽情去幻想那些庸俗老套又浪漫有趣的故事。

幻想过后我才发现，原来幻想拥有着能将理想化作现实的力量。

当时，我只是为了逃避现实才去幻想自己未来生活的。但是几年以后，我却惊奇地发现自己的好多想象真

在森林隐居
去宇宙旅行
变成世界级明星
超级明星

的都变成了现实。

现在的办公室也是一样。

除了这家事务所外，我还在东京都港区的表参道上设置了一个私人书斋。其实这间书斋最初也起源于我的幻想。

当时的我还没租到公寓，所以一直在几个朋友家里轮流借住。无聊的时候，我就经常在表参道散步。

一边散步，一边想象自己未来的房子。

希望有朝一日，我能在这条大街上拥有一座属于自己的房子。最好是找一个和主路有点距离的胡同，在那里找一个安静的住宅区。我要在窗边摆上一个大大的桌子和椅子，从巨大的窗户里能清晰地看到外面的绿地和天空。我还要摆一套待客用的沙发，努力营造一个舒适又安静的空间。最好还能统一一下灯光和墙壁的颜色。

那时我一边想象一边画出了平面设计图。而现在，我的幻想几乎全部成为了现实。

其实，“钱有自己的人格”这件事最初也是起源于幻想。

当时的我认为，要是钱有属于自己的“人格”，那它肯定会时刻注意着别人是怎样对待自己的。然后，它就会回到愿意小心翼翼地对待自己、愿意为自己着想的人身边。

现在，这个幻想也化作了现实。

所以我才相信，幻想拥有着能将理想转化为现实的力量。

直到今日，我依旧保持着爱幻想的习惯。坐车的时候，在街上散步的时候，我常在不经意间陷入幻想中的世界。每一次我幻想的都是些老套又有趣的事情。

现在，幻想已经彻底成了我生活的一部分。我的想象不再是为了逃避现实，而是为了能让生活变得更加快乐，在喧嚣中寻觅一片净土。

距离再短也要迈步向前

33岁的时候，我曾经外出参观四国岛88所古刹。

当时的我还是会计师事务所的一名试用工。工资多少提升了一些，所以我辞掉了便利店的工作。但是，由于债务还没有完全还清，所以我每月的生活仍旧过得紧巴巴的。

在外人看来，我的生活肯定显得非常艰难吧。

事务所里比我晚来的同事曾经塞给我2万日元，并要我别问那么多了，只要收下就好。当时正在和我交往的女友也曾资助过我20万日元，还对我说不还也没关系。虽说之后我把这两笔钱还给了他们，但是当时迫于生活的无奈，我也只能接受了他们的帮助，尽管自己都觉得这样实在是太丢脸了。

那时的我还没通过税务师资格考试。我完全不知道自己的未来会变成什么样子。在迷茫中，我整整生活了七八年。

“我想要改变自己的人生。”

“我需要一个机会，一个能帮助我打破彷徨人生的机会。”

带着这样的想法，我决定前往四国岛参拜。

我想亲自踏访那88所古刹。不搭乘公共汽车或者电车，一切全靠自己的双脚。

在走过全程1400千米的路程后，或许我的内心会发生什么变化，进而让自己的人生出现转机。

带着这一抹希望，我踏上了漫漫参拜路。

我事先还向事务所请了一个礼拜的假。但是当我听说真正走完全程需要花上至少一个半月的时间时，我就做好了即使被解雇也绝不放弃的心理准备。

到达四国岛后，我深吸了一口气，给事务所打电话申请长期休假。巧的是当时的所长正好是德岛县出身的

四国岛
88所
古刹
毅力

（译注：德岛县位于四国岛境内）。他鼓励我说，我想请多长时间的假都没问题。但要是回来之后发现工资下降了，可别怨他。

在那之后，我花了大约40天的时间，走访了四国岛88所古刹。

我无法用三言两语道清自己当时内心的感受。只能说，人一旦有了希望和目标，那么无论什么样的困难都能坚持下去。

40天内，我徒步走过了88所古刹。

在开始参拜前，我就是这么给自己设定的目标。

在将近两个月的时间里，我不仅双脚酸痛，更出现过发烧和腹痛的症状。有时候真觉得自己撑不下去了。但是，我仍旧咬牙坚持着，哪怕每天只走1千米都是胜利。即使距离再短，我也要迈步前进。

在这期间，“绝对要完成参拜路”是我的目标，而我的希望就是“在完成的那个瞬间自己或许会发生什么改变”。这两项都是我坚持下去的最大动力。

在这之后，我也一直将自己做事的目标和希望牢记心中。

将希望压在自己的钱包上——前文中所提到的这一点，也是我日常生活中的一个习惯性想法。

“只要拿上这个钱包，我就再也不会为钱的事情发愁，今后的年收入也能一直维持钱包价值的200倍”——带着这个小小的希望，我生活至今。

不怕大家说我前后言论不一致。其实无论是长钱包还是二折钱包，都不过是普通的钱包而已。但是，**在你感受到有希望的瞬间，无论多么不起眼的小物件也能成为改变你人生的动力。**

而钱包的大小正好适合每天带在身边，用来让自己感受到有希望。

或许我们可以半开玩笑似的和别人谈论自己的希望，但是在心中一定要对这个希望坚信不疑。我们要时刻把希望挂在心间。因为只有这样，我们才能获得向着梦想前进的动力。

10年后的自己应该过上怎样的生活

我们要时刻考虑着10年后的自己应该过上怎样的生活。

为了实现这个梦想，我们每天都要努力向理想中的自己靠拢。

就拿读书来说吧。

有些书的作者和主人公与我们理想中的自己非常相似。这些书正是我们需要多多阅读的。而这并不是选择图书的唯一标准，毕竟我们随时都有可能遇到适合自己的其他类书籍。但是，我们至少应该把1/3的阅读量放在与10年后的自己有关的书籍上。

再有就是电影。

我以前只会选一些娱乐类电影来看。像是《2001宇宙旅行》之类的。因为当时的我只希望能够在看电影的过程中体验到欢乐与感动。

但是现在的我却彻底换了种口味。同样是娱乐类电影，我会注意选择那些描绘了主人公耀眼的人生轨迹、能够让我对10年后的自己要求越来越高的电影。

其实，我从很早以前就养成了时刻考虑自己未来生活的习惯。

当时的我居无定所，每天都过得很不安稳。对未来的设想成为我唯一的心灵支柱。即使过得再苦，我也会坚定地想“10年后自己绝对要过上怎样怎样的生活”。

除了坚定不移的信念外，我也在尽可能地向着梦想靠拢。

但是那时我没有多余的钱用来充电，我只得把以前买的旧书翻来覆去地看。其中包括司马辽太郎和吉川英治的作品。他们书中的人物不重权贵、不重名誉，只为坚守自己的信念。这些角色一次又一次地敲击着我的内心。

看到书中的这些角色越过自己人生的低谷，并为了信念而战时，我仿佛听到他们对我说：“你也一定能坚持下去。或许你现在正过着不被人认同的贫苦生活，但是只要你勇于面对现实，勤于完成自己份内的工作，那么你就能不断前进。相信总有一天，你一定能迎来自己的翻身之日。”

除了书籍之外，我还尽可能地多接触一些优质商品。

为了省钱，那段时间我只能经常往美术展上跑。即使自己兜里没有钱，我也能在那样的场合中看到、摸到许多优质的物品。

我会把钱包换成高级货也是出于这个缘故。

过了一段时间后，我才意识到自己应该买个长钱包。但是在准备掏钱买钱包的那一年，我的年收入还远远达不到钱包价格的200倍。

那时的我还没有意识到这个法则，只是一心想着要在10年后变成一个能“配得上”这个高级钱包的人。为了让钱包也能“配得上”10年后的我，我毫不犹豫地换掉了旧钱包，花重金买下了新的高级钱包。

就像上文提到的那样，**我们要时刻为10年后的自己设想，让自己的意识更加超前。为了让10年后的大地上开满鲜花，我们必须要多播撒一些种子才行。**

我们不能只想着等工资增加、工作轻松之后才去考虑自己的未来，而是要学会一步一个脚印地走向自己的梦想。即使这样会大大增加生活的负担，我们也应该坚持下去。

渐渐地你会发现，自己正在逐步甩开现有的生活。和那些不知道努力的人相比，还是这种做法更能让我们缩短与理想之间的距离。

改变贴身物件，就能改变你的人生

虽然经常听人说：“要想让自己的人生更精彩，就应该去和那些高层次的人交朋友。”但要是让碌碌无为的自己突然跑去和那些上流社会的人们搭讪，那还真是挺别扭的。

为了实现自己的目标，你应该像本书的主题“换个钱包”一样，从自己的贴身物件开始换起。

前面也提到过，在看到一位企业家买了一把高达5万日元（约合人民币2500元）的雨伞后，我也依葫芦画瓢地去买了一把高级伞。

虽然从外表来看它和普通的伞没什么两样，但在买了这把伞之后，我身边的许多事情都发生了转变。

最明显的转变就是隔着雨伞听到的雨声和以前不同了。再有就是，当我握住柔滑的伞柄时，我不会再像以前那样粗暴地把伞尖戳在地上，或是随手把伞甩来甩去了。在用完之后，我还会小心翼翼地用毛巾把雨伞擦干，希望这把伞能多用一段时间。

曾经的我非常反感雨天出门。在买了这把伞后，我反而开始期待起下雨来了。

虽说我不应该以貌取“伞”，但是分别用这把伞和廉价的塑料伞时，出现在我眼前的完全就是两个世界。

把话题拉回到钱上。那些受到金钱青睐的人往往都十分注意自己和别人的衣着打扮。哪怕你的装扮和气质发生一点改变，都逃不过他们的法眼。也就是说，他们能注意到你身上任何一丝细微变化。

由于他们随时留意着别人的微小变化，所以能够轻易察觉到周围人内心的情绪波动。通过观察对方的贴身饰物、衣着和一些细节表现，他们就能意识到对方的变化对自己有利还是不利。

通过一系列的敏锐观察，他们能够在出现风险时及

ZZZ
改变！改变！
1+3
=4
尝试阅读没看过的书籍

时避开。所以才说他们得到了金钱的青睐。

当时，在我更换雨伞时，第一个察觉到这件事的就是一位业绩突出、受到了金钱爱戴的公司老板。

但是，如果手里的钱不够买高级货，又该怎么办呢?

在这种情况下，我们就要注重提升精神层面的了，也就是让自己的知识储备更上一层楼。除了手边的书外，我们还应该把常看的电视节目全部换成新的类别。

在没钱的时候，我会放弃电视和杂志，选择去图书馆和书店看一些自己从未接触过的图书。

一般的图书馆和大型书店都划分了好几个区域，像是经管类、小说类等等。我们应该选择那些自己从未涉猎过的区域，从里面选择一本感兴趣的图书来看。在翻开的瞬间，一个崭新的世界就来到了你的面前。

这两个地方真是知识的宝库。不过我不太赞成大家站在书店里把书当成免费的来看，还是图书馆更合适一些。在那里，无论看多久都没人会跳出来赶你走。

随着知识量的提升，我们的表达能力也会跟着迈上好几个台阶。

而多获取一些高级的信息，就会让我们自身的素养得到很大的提高。

那些受到金钱青睐的人都有着超乎常人的知识储备。同样转述一句话，他们并不是干巴巴地把听来的内容原封不动地重复一遍，而是会在其中加入自己的感想，让这句话变得活灵活现。通过巧妙的搭配组合，他们能将获得的信息升华成一种独特的见解，一种智慧的表现。

而正是这些智慧为他们拓宽了人生的道路。

在了解到这些之后，相信你也会开始留意自己日常生活中的一些小细节了吧。

脱离金钱的束缚，让钞票不请自来

“要随时为钱着想”和“要随时紧盯着钱”可是两码事。

“还有几天才发工资啊？”“买东西当然是越便宜越好了。”“借给朋友的那笔钱他到底什么时候还啊！”如果满脑子都是钱的事，那这个人已经离患上金钱偏执病不远了。毕竟节约过头也就变成了小气。

虽说大手大脚的花钱和随随便便的借钱会让钞票对你能躲多远则躲多远，但要是追得太紧了，也只会起到反效果。

对人来说也是一样。

无论是多么亲密无间的朋友，如果整天没完没了地缠着对方，无论是谁都会觉得无法忍受。毕竟没有人愿意待在一个会对自己实行24小时监视的人身边。

但是，大家也不愿意待在完全不把自己当回事的人身旁。

钱和人一样。

在和钱打交道的时候，我们也要掌握好一个“度”。不能表现得步步紧追，要把握好适当的尺度，做到“相敬如宾”。

在前文里，通过介绍钱包的用法，为大家说明了该怎样看待金钱和怎样管理金钱。在各位心中的理财经逐渐成形后，就要开始学着实践之前讲过的这些方法了，

并努力和金钱之间形成一种“自由互利”的关系。

也就是说，要一边牢记时刻关心金钱的感受，一边督促自己把钱的事情抛到脑后去。

但即使是抛到了脑后，也要相信金钱一定还能回到自己身边。

就算工资和收入暂时下降，只要充满自信，钱一定会回到自己身边。

前面提到的那些理财规则和方法都是为了帮助我们脱离金钱的束缚。

人身上越是没钱，就越会想要钱。

但要是没有制定自己能够承受的方法，就会因不知道下一步该怎样做而迷茫不安。

不过，在找到适合自己的理财方法后，这种不安自然会消除。

但愿前面提到的理财观能够成为你内心的支柱，并让你未来的人生路越走越顺畅。

后记

曾经有一段时间，我非常恨钱。

除了钱之外，我还非常羡慕、嫉妒有钱人。当时的我满脑子都是负面思想，觉得有钱人都不是好人，因为他们都是通过不正当渠道才赚来那么多钱的。

但是有一次，一个寺庙里的主持大师问了我这样一个问题：

“既有钱又幸福，虽有钱却不幸，虽没钱却幸福，既没钱又不幸——在这四种人里，你最想成为哪一种呢？”

虽说当时的我已经不再是个穷人，但心里多少还残留着一些负面的想法，所以没能立刻回答他。

前面也提到了，过去我对有钱人又嫉妒又羡慕。

我甚至一度认为，只要能成为有钱人，无论生活得幸福还是不幸都无所谓。

现在想想，这就是大师说的既没钱又不幸。

但是实际上，无论当时的我多么努力，手里的钱还是少得可怜。我也得不到其他人的认同。

在这样的生活状态下，我是怎样变成一个无论有钱没钱都能乐观面对生活的人呢?

一切全因为我当上了税务师。

正是现在的这份工作改变了我的看法。

税务师需要和各种各样的企业打交道。我也有幸听到许多企业家畅谈他们的金钱观。

他们当中一些人坐拥非常丰厚的资产，哪怕一辈子不工作都不会坐吃山空。但是，经济宽裕的人未必拥有同样丰富的精神食粮。

有些人因为爱财如命，而受到了周围人的鄙视。大家说这种守财奴的不幸都是被钱招来的。这种人虽然有钱，但是情绪十分不稳定。他们不是在经营上出现巨大

人类最终追求的是

“幸福”。

的纰漏、让公司出现巨额损失，就是在死后由子孙后代争抢他的遗产，发生各种金钱方面的纠纷。

在看到这些人的悲惨遭遇后，我觉得无论他多么有钱，自己都无法与他产生共鸣，也不愿意步他的后尘。

相对的，我很愿意去效仿那些因为得到金钱而变得越来越幸福的企业家们。

在我刚当上税务师的时候，由于手头没什么钱，所以就没给自己准备什么值钱的贴身物件。由于在花钱方面无法效仿那些企业家，我也就只能学习他们的思考方式了。

现在想想，这应该就是我迈向幸福的第一步吧。

在这本书里我一直在强调，钱包是许多幸福的有钱人非常注重的一个物件。因为钱包是人展现自己独特金钱观的最佳物件。

当时，在选钱包的时候，我从那些高级货里挑选了一个价值两三万日元的钱包。

虽说那个高级钱包与我那时的生活并不相称，但我却把钱包当成是对未来的一种投资。对那时的我来说，这或许更像是一种祈祷吧。

在那之后，我种种扭曲的金钱观开始逐渐恢复正常。钱开始聚集到我的身边来了，仿佛它们也感受到了我的热诚。

那么，你会怎样回答刚才那位主持的问题呢？

应该没有人想要去过不幸的生活，估计大部分人都会选择“既有钱又幸福”或是“虽贫穷却幸福”吧。

从这个选择我们不难看出，其实人们真正追求的不是“有钱”，而是“幸福”。

相信每个人都能明白，无论多么有钱，只要生活过得不幸，那么这个人的人生就是灰色的。

我认为自己还没有完全得到金钱的青睐。在考虑到自己的未来时，我也会感觉到些许的不安。

但是每天在花钱的时候，我仍旧坚信“金钱愿意主动回报那些正直善良的人”。或许是我的坚持起到了作用，最近我终于对钱有了更进一步的理解。

在和“既有钱又幸福”的人聊到有关金钱和钱包的话题时，我总能听到许多有趣又独特的见解。

希望你也能和自己尊敬的人聊起这个话题，并从中寻找一些自己能够做得到的事情，努力尝试看看。

根据我的经验，钱最喜欢那些行动力高的人了。

如果你身边没有这样的人，你可以试着模仿那些受到了金钱青睐的人是怎么对待钱的。这些在本书中都有详细介绍。

最初只要半信半疑地来试试看就好。我希望每个人都能从这些方法中找到乐趣。因为快乐的心情是留住金钱的重要因素之一。

衷心希望在看过本书之后，能有更多的人变得“既有钱又幸福”。

写到最后，我要向关照我工作的各位客户、保护着中小型企业的各位税务师和我的朋友、家人们致以十二万分的谢意。没有你们的支持，也就没有这本书。谢谢。

亀田润一郎

2009年11月

图书在版编目（CIP）数据

为什么有钱人都用长钱包？年收入200倍法则 / (日)龟田润一郎著；安潇潇译. -- 武汉：湖北科学技术出版社, 2016.7

ISBN 978-7-5352-8382-5

Ⅰ. ①为… Ⅱ. ①龟… ②安… Ⅲ. ①财务管理—通俗读物 Ⅳ. ①F275-49

中国版本图书馆CIP数据核字（2015）第297473号

著作权合同登记号　图字：17-2015-313号

KASEGU HITO WA NAZE, NAGAZAIFU WO TSUKAUNOKA?
by Junichiro Kameda

Original Japanese edition published by Sunmark Publishing Co., Ltd., Tokyo
This Simplified Chinese language edition published by arrangement with Sunmark Publishing Co., Ltd., Tokyo in care of Tuttle-Mori Agency, Inc., Tokyo through Beijing GW Culture Communications Co., Ltd., Beijing.

责任编辑：许可　　封面设计：烟　雨

出版发行：湖北科学技术出版社　　电　话：027-87679468
地　　址：武汉市雄楚大街268号　　邮　编：430070
（湖北出版文化城B座13-14层）
网　　址：http://www.hbstp.com.cn

印　　刷：北京佳信达欣艺术印刷有限公司　　邮　编：101111

880×1230　1/32　　6.5印张　　100千字
2016年7月第1版　　2016年7月第1次印刷
定　　价：38.00元

本书如有印装质量问题可找本社市场部更换

长钱包日记

有钱人几乎全都用新钞付费。“不好意思，给你的是旧钞。”几乎所有受到金钱青睐的人都曾说过这句话。一位企业家说：“如果收钱的人是我，那我肯定希望自己拿到的是新钞。”因为新钞更讨人喜欢。而打开满是新钞的钱包，也能让我们的心情更加愉快。最重要的是，在付钱的时候，我们能够一同分享对方拿到新钞时的喜悦心情。

我们是一家人

买了新钱包后，先放 1 万元进去

在买好新钱包并准备使用之前，先放 1 万元进去，并将这些钱放在钱包里整整 3 天，让钱包牢牢记住“钱的味道”。

对钱来说，还是使用过一段时间的钱包比新钱包“住”得更舒服。

而且，自己动手把钱放入钱包的过程，也能让我们更加适应这个钱包，用起来更加顺手。

3 天后，直接把钱送回银行。

统一钞票的上下方向

不要用脏手去摸钱，要注意把钞票和银行卡码放整齐。

因为钱是非常爱干净的，我们需要让自己的钱包时刻保持一个整洁的状态。因为当钱来到我们身边时，钱包是它们的第一个“住所”。为了保证钱包的整洁，我们必须要统一钱包内钞票的上下方向。

在钱包里多放一些 50 元的纸钞

我们不该任由不同面值的钱随意进入钱包，而是应该有意识地控制好 50 元的数量，让它越来越多。并且让 50 元的钞票长期留在自己的钱包里。

这种对钞票的“关注”非常重要，因为它与“掌控消费方法的力量”息息相关。

1元
5角
1角
1分

将硬币放到“零钱包”里

在装钱时，我们应该把钞票放进长钱包，并将硬币放到零钱包里。

被钱眷顾的人一般都随身携带着两个钱包，里面分别装着钞票和硬币。因为他们希望能让来到自己身边的钱“住”得舒适安心。这也是一种乐趣，这份乐趣一定能让你更加关心自己的钱。

有时候，一个简单的念头就会在不知不觉间对人的行动产生影响。

这个钱包花了我500元，所以，我的年收入也要努力变成10万元！

注意察看找来的零钱里有没有“年代久远的硬币”

在收到找来的零钱时，如果里面有“年代久远的硬币”，人们肯定会很高兴地认为“自己的财运来了”。

一位企业家曾这样说：“得到年代久远的硬币预示着财运的到来。所以你也多注意一下吧。”

钱会聚集在愿意细心关注它们的人身边，却会毫不留情地离开花钱大手大脚的人。因为他们从来不记得要多关心钱。即使他们每天都在不断用钱。

我们该怎样掌控好金钱的消费方式呢？那就是，面对小面值的硬币时，也要多多留意。

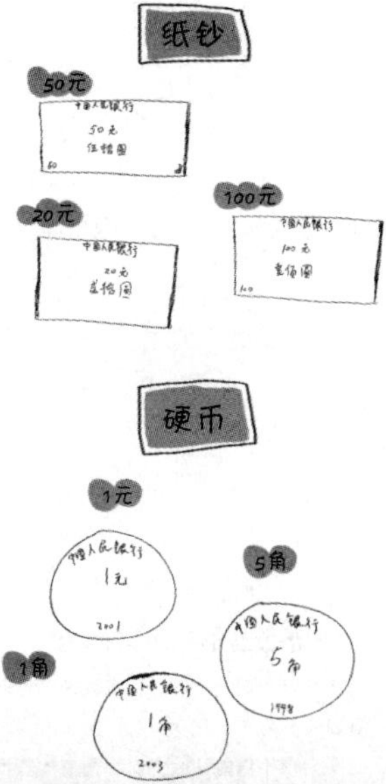
纸钞
50元
20元
100元
硬币
1元
5角
1角

将 1 元硬币放入专用的存钱罐里

如果想要养成不小瞧小面值货币的习惯，我们需要制订出一套只属于自己的存钱规则。

那就是存好 1 元硬币。

这个习惯不仅能让我们对小面值的货币多一份关注，更能为我们带来许许多多的惊喜。

1元
1元

在付钱的时候用新钞

有钱人几乎全都用新钞付费。

“不好意思，给你的是旧钞。”几乎所有受到金钱青睐的人都曾说过这句话。

一位企业家说：“如果收钱的人是我，那我肯定希望自己拿到的是新钞。”

因为新钞更讨人喜欢。而打开满是新钞的钱包，也能让我们的心情更加愉快。

最重要的是，在付钱的时候，我们能够一同分享对方拿到新钞时的喜悦心情。

看我这么有威严，就知道我很有个性吧！
100
100
中国银行券
100元
中国人民银行

要有礼貌地付钱

当我们在便利店的收款台付钱的时候。

当我们把朋友代付的钱还给他的时候。

无论是什么时候，我们都应该“有礼貌地”把钱递给人家。

有礼貌地付钱，能够表现出对人和对金钱的尊重。

钱不愿意回到随手把自己扔出去的人身边。它们更愿意回到能小心翼翼地把自己送出去的人身旁。

因为钱其实就像人类一样。

所以在付钱的时候，应该让钱开开心心地流向社会。

薪资
贷款
伙食费
购物
电费
燃料费
房租

出口

在心中默念“一路走好”和“欢迎回家”

钱就像是人类一样，所以我们需要对钱讲道义。

在用钱的时候，我们应该尽可能地让钱“高兴”起来，让钱觉得乐意被用在这些地方。

比如说，我们可以通过用钱，让别人获得幸福，让自己得到成长。

在金钱离去归来的时候，在心中默念“一路走好”和“欢迎回家”。

在刷卡消费的时候也是一样。无论是花出去多么小面额的钱，也一定不能忘记说这句话。

只要能养成默念“一路走好”和“欢迎回家”的习惯，就能利用默念这句话时的心情去判断自己是不是在乱花钱，以此来帮助我们在想要乱花钱的时候来个“急刹车”。

亲爱的，
先生一共是300元
找你200元
钱钱，欢迎回来。
在心里默念即可。

被突如其来的“出口”
搞得措手不及。
修理费
红包
交际费
白包

高高兴兴去缴税

高高兴兴去缴税。这是所有会赚钱的企业家的共同点之一。

税金是企业的花销之一。如何降低这份花销，是经营上的一大难题。

在合理避税后，他们会高高兴兴地去付减掉避税额度后的税金。因为他们认为，这是返还给社会的谢礼。

通过观察一个人怎么看待缴税，怎么将缴税当成一种“义务”，我们就能明白他有着怎样的金钱观。

欢迎光临！光明的未来
努力奋斗
投资
行动
目标
梦想
开心
金钱

人生舞台